Jutta Schludecker

Kindersägen - Nervensegen

Jutta Schludecker

Kindersägen - Nervensegen

Erlebnisse und Erfahrungen einer Mutter im ganz normalen Alltagschaos

Familienbande

Impressum / Imprint
Bibliografische Information der Deutschen Nationalbibliothek: Die Deutsche Nationalbibliothek verzeichnet diese Publikation in der Deutschen Nationalbibliografie; detaillierte bibliografische Daten sind im Internet über http://dnb.d-nb.de abrufbar.

Bibliographic information published by the Deutsche Nationalbibliothek: The Deutsche Nationalbibliothek lists this publication in the Deutsche Nationalbibliografie; detailed bibliographic data are available in the Internet at http://dnb.d-nb.de.

Coverbild / Cover image: www.ingimage.com

Verlag / Publisher:
Familienbande
ist ein Imprint der / is a trademark of
OmniScriptum GmbH & Co. KG
Heinrich-Böcking-Str. 6-8, 66121 Saarbrücken, Deutschland / Germany
Email: info@verlag-familienbande.de

Herstellung: siehe letzte Seite /
Printed at: see last page
ISBN: 978-3-639-62004-7

INHALTSVERZEICHNIS

VORWORT

Planen Sie oder irgendjemand, den sie kennen Nachwuchs? Oder sind Sie sogar schon "in anderen Umständen"? Dann tun Sie gut daran, dieses Buch zu lesen oder es zu verschenken, bevor es soweit ist. Sie werden verblüfft sein, auf was für Ideen kleine Kinder kommen!

Unbedingt sollten Sie frühzeitig damit anfangen, ihre Wohnung kindersicher einzurichten. Besonders empfehlenswert sind Tische mit „runden“ Ecken und Nylonstrümpfe über den Blumentöpfen der Zimmerpflanzen. Ich würde Ihnen auch raten, keine Tischdecken mehr zu benutzen! Auch Tretmülleimer sollten Sie abschaffen, Damenbinden kindersicher verstauen und Apothekerschränke müssen Sie immer zuschieben!

Warum, das erfahren Sie in diesem Buch.

Aber vielleicht sollte man dieses Buch auch nur Paaren zu lesen geben, bei denen es bereits zu spät und der Nachwuchs schon da ist?! Diese werden sich durch meine Erzählungen über Mülleimerkost, sortierte Katzenkacke und angepinkelte Kinderärzte entspannt zurücklehnen. Sie werden feststellen, dass es immer noch schlimmer kommen kann und dass es anderen auch nicht besser ergeht. Das beruhigt ungemein!

Bei diesem Buch handelt es sich nicht um einen Ratgeber, der einem erklärt, wie man sein Kind erziehen sollte. Es beweist eher, wie einfallsreich und kreativ kleine Kinder sein können und auf was für eine abenteuerliche Reise man sich als Eltern und Großeltern begibt. Denn zwei Dinge braucht man, wenn man Kinder hat: viel Humor und Nerven wie Drahtseile.

Also überlegen Sie es sich gut: Sind Sie noch in der "Planungsphase", dann empfehle ich Ihnen, dieses Buch vielleicht lieber zu einem späteren Zeitpunkt zu lesen. Sie könnten es sich anders überlegen und das wäre wirklich bedauerlich, denn sie würden sehr viel versäumen! Denn ehrlich gesagt, gibt es nichts Schöneres, als Mutter zu sein und seinem schlafenden Kind über das verschwitzte Köpfchen zu streicheln oder stolz im Publikum zu sitzen, wenn es fehlerfrei „Ist ein Mann in Brunnen gefallen“ auf der Blockflöte spielt.

Ich hätte niemals damit gerechnet, wie viel Spaß und Abwechslung man als Mutter hat, aber auch wie viele Sorgen man sich um das Wohl, die Bildung und die Gesundheit seiner Kinder macht. Immer mit der Hoffnung alles richtig zu machen, gerecht zu entscheiden und konsequent genug zu sein, um sie gut auf das Leben vorzubereiten.

Meine beiden Kinder sind jetzt 17 und 15 Jahre alt. Mittlerweile sammle ich ganz andere Erfahrungen, als die in diesem Buch beschriebenen. Über das Vergangene kann ich heute herzhaft lachen.
Meine Tochter, unser früheres Engelchen, sieht zwar mit ihren blauen Kulleraugen, der Stupsnase, ihren Sommersprossen und den blonden Locken immer noch aus wie ein Engel, ist mit ihren fünfzehn Jahren aber mitten in der Pubertät. Mehr muss ich dazu glaube ich nicht sagen...
Auch hiermit könnte man ganze Bücher füllen. Vielleicht habe ich irgendwann die nötige Distanz, um auch darüber lachen zu können?!

Mein Sohn, der mich früher so viele Nerven gekostet hat, ist viel ruhiger geworden. Hier sage ich nur: Chillen und PC.
Um verbotene Dinge auszuprobieren, hält er sich mittlerweile an Energiedrinks und Cola. Absolut harmlos zu den vielen Experimenten mit Strom, Katzenkacke und Müll, die er als Kleinkind gemacht hat.

1. Kapitel

Schwangerschaft und Geburt

Hoffnung, Erwartung und Vorfreude

Was wäre wenn?

Es war Samstagabend. Ich lag mit wahnsinnigen Rückenschmerzen in der heißen Badewanne.

Was wäre wenn?

Seit vier Tagen hätte ich meine Periode haben müssen. Ich hatte mir fest vorgenommen diesmal mindestens eine Woche abzuwarten, bevor ich wieder einen Schwangerschaftstest machen würde. Nicht weil diese Tests recht teuer sind, sondern weil die Enttäuschung beim letzten Mal so groß gewesen war.

Aber diese unbekannten Rückenschmerzen und dieses Ziehen in den Brüsten? Heute war Samstag. Wenn ich morgen Früh einen Test machen würde, wäre Frank den ganzen Tag da, um sich entweder mit mir zu freuen, oder um mich, wie beim letzten Mal, zu trösten.

Mein Problem war allerdings, dass es 21.30 Uhr war und ich keinen Schwangerschaftstest zu Hause hatte.

Innerhalb einer Stunde hatte sich Frank mit meiner fixen Idee abgefunden und wir machten uns auf den Weg. Er hatte nicht nur herausgefunden, welche Apotheke heute Nacht Notdienst hatte, sondern hatte uns auch die Bahnverbindungen herausgesucht, da wir zu diesem Zeitpunkt kein Auto hatten.

Gegen 23.00 Uhr klingelten wir in der Notapotheke am anderen Ende von Frankfurt. Ich werde nie das verdutzte Gesicht des Apothekers vergessen, als ich einen B-Test verlangte. Die Verpackung war rosa, was ich, abergläubig wie ich bin, als gutes Omen deutete. Ich wünsche mir nämlich, solange ich zurück denken kann, eine kleine Tochter.

Der erste Anruf: ein Baby

Um 5.30 Uhr wachte ich auf. Vor lauter Aufregung konnte ich nicht mehr schlafen. Mit zitternden Händen las ich die Gebrauchsanweisung, befolgte sie genau und legte den Stab dann 3 Minuten weg.
Es waren deutlich zwei Striche entstanden! Ich konnte es kaum fassen: Ich war tatsächlich schwanger!!!
Am ganzen Körper zitternd legte ich mich zurück ins Bett. Frank, eigentlich ein Langschläfer, wachte auf und fragte, was los wäre und warum ich so zittern würde. Über meine Antwort: „Du wirst Vater!" freute er sich riesig.
Am nächsten Morgen gingen wir gemeinsam frühstücken und feierten unser Baby.
Nachmittags klingelte das Telefon. Es war mein Vater, der mich aus dem Urlaub anrief. Dies war sehr ungewöhnlich. Normalerweise rufen meine Eltern aus dem Urlaub bei meinem älteren Bruder an, da sie gemeinsam mit ihm und seiner Familie in einem Haus wohnen. Mein Bruder gab mir dann in der Regel Bescheid, dass unsere Eltern gut angekommen waren.
Wenn meine Eltern mich sonst anrufen, wählt mein Vater die Nummer, begrüßt mich kurz, bestellt Grüße an Frank und reicht den Hörer gleich weiter an meine Mutter. Ich fragte ihn einmal, warum er sich eigentlich nie länger mit mir unterhält. Er antwortete, dass er sich alles, was ich ihm erzählen würde, dann anschließend noch einmal von meiner Mutter anhören müsste. Das fände er unnötig. Also bekommt mein Vater bei uns alle Informationen „secondmouth".
Diesmal war es allerdings anders.

Seine harmlose Frage „Wie geht es euch denn so?", wurde mit einem: „Du wirst Opa!“ von mir beantwortet.
Theoretisch hätte ich das Jubelgeschrei meiner Eltern von Elba bis Frankfurt hören können müssen.

Der zweite Anruf: eine Hochzeit

Sonntagabend bei einem gemütlichen Essen bei unserem Lieblingsgriechen machte mir Frank einen Heiratsantrag. Wir hatten beschlossen, erst dann zu heiraten, wenn ein Baby unterwegs wäre. Da Frank aus der Kirche ausgetreten ist, ich aber unbedingt in weiß heiraten wollte, ließ Frank sich auf einen Kuhhandel ein. Ich erklärte mich bereit seinen Namen anzunehmen, wenn er mich dafür in der Kirche heiraten würde. Wie immer wurden wir uns schnell einig und schon am Montag war ich auf dem Standesamt, um die Formalitäten für das Aufgebot zu erledigen.
Ein paar Tage vergingen, da rief mein Vater wieder an. Sie wollten hören, wie es ihrem schwangeren Töchterchen so gehe.
Diesmal bekamen sie zu hören, dass wir im November heiraten werden.
Meine Eltern waren völlig aus dem Häuschen.

Der dritte Anruf: ein Haus

Frank und ich wohnten zu diesem Zeitpunkt in einer wunderschönen Altbauwohnung, die allerdings direkt an einer großen Kreuzung mit quietschenden S-Bahnen, Feuerwache und Krankenhaus lag. Am schlimmsten waren die Sirenen der Krankenwagen, die direkt unter unserem Fenster eingeschaltet wurden.

Eine neue Wohnung musste also her. Bei einem Blick in die Zeitung entpuppte sich unsere Vorstellung von einer ruhigen 4 Zimmerwohnung im Grünen, aber stadtnah, als völlig utopisch.

Aber da - konnte das sein? Es musste sich um einen Druckfehler handeln:

RH Sanierungsbed. FFM Rödelheim BJ1952 100qm 300tsd DM

Ich wählte die Nummer - besetzt. So hartnäckig habe ich noch nie in meinem Leben versucht, jemanden zu erreichen. Nach sehr vielen Versuchen, endlich ein Freizeichen und dann die Stimme eine Maklerin. Es war kein Druckfehler. Das Haus wurde ohne Grundstück, sondern mit Erbpacht verkauft, deshalb war es so günstig.

Die Maklerin erklärte uns, dass wir direkt am nächsten Tag zu einem Besichtigungstermin kommen müssten, da es sehr viele Interessenten geben würde.

Am nächsten Tag, gleich nach der Schule, fuhren Frank und ich mit dem Taxi nach Rödelheim. Der Besitzer, ein freundlicher Herr um die 70, selber Lehrer, war uns auf Anhieb sympathisch. Das beruhte anscheinend auf Gegenseitigkeit, denn am Ende des Besuchs fragte er uns direkt, ob wir sein Haus haben wollten. Er hatte schon viele Interessenten herumgeführt, erklärte aber, dass er es am liebsten an uns verkaufen würde.

Ohne richtigen Finanzierungsplan und ohne unser Glück fassen zu können, sagten wir einfach ja und waren Hausbesitzer.

Meine Eltern, immer noch auf Elba, riefen mal wieder an. Als ich meinem Vater erzählte, dass wir ein Haus gekauft haben, war er fassungslos. Er meinte so viele gute Nachrichten in nur zwei Wochen wären unglaublich. Er sagte, sie würden jetzt nicht mehr anrufen, wer weiß, was wir uns sonst noch alles einfallen lassen würden.

Ultraschall – ein Gänschen für Jutta

Die Schwangerschaft verlief zunächst ohne größere Komplikationen. Wir renovierten fleißig unser neues Häuschen, rissen Wände heraus, lernten wie man verputzt, mauert, Fliesen und Parkett verlegt und vieles mehr.

Die Besuche beim Frauenarzt waren immer sehr erfreulich. Bereits in der 8 Woche erkannte man, dass an unserem Baby alles dran war. In der 18 Woche, wir hatten mal wieder Ultraschalltermin, hatte unser Baby einen tierischen Schluckauf. Es war beeindruckend und irgendwie beruhigend zu sehen, wie es da drinnen herum hickste. Außerdem wusste ich jetzt, warum ich sooft zur Toilette musste. Das Baby lag mit seinem Kopf auf meiner Blase und trat mir ständig in die Leber. Hinzu kam, dass der Arzt einen optimalen Blick zwischen die Beine unseres Babys werfen konnte und meine Hoffnung schien sich zu erfüllen. Es war tatsächlich ein Mädchen! Von diesem Augenblick an, hieß unser Bauch nur noch Jana. Auf diesen Mädchennamen hatten Frank und ich uns schon lange geeinigt.

Ich bekam von meinem Frauenarzt einen kleinen Gänsestempel in meinen Mutterpass, bei einem Sohn wäre es ein Bärchen gewesen. Überglücklich zeigte ich mein Gänschen herum.

In der 30. Schwangerschaftswoche hatte ich eine schlimme Nierenbeckenentzündung und musste eine Woche ins Krankenhaus. Unserer Tochter ging es aber gut.

In der 34. Woche hatte ich erneut einen Ultraschalltermin. Frank konnte leider nicht mitkommen, da er arbeiten musste. Bei diesem Kontrolltermin sollte eigentlich nur nachgeschaut werden, inwieweit und ob sich Jana schon ins Becken eingestellt hatte.

Mein Arzt, der in einer Doppelpraxis arbeitet, war leider nicht da und so hatte ich einen Termin bei seiner Vertretung.

Ich lag ganz entspannt auf der Liege. Die Ärztin fuhr mit dem Ultraschallkopf über meinen schönen dicken Bauch. Auf einmal lächelte sie und meinte“: Ihr

Sohn hat aber einen kräftigen Hoden, schauen Sie mal hier!". Beinahe wäre ich von der Liege gefallen. „Das kann nicht sein", antwortete ich, „ich habe doch ein Gänschen in meinem Mutterpass." Aber dieses Prachtexemplar von Hoden und Penis, ließ keinen Widerspruch zu. Ich konnte nur noch: "Bitte machen sie für meinen Mann ein Bild davon." stammeln, dann liefen mir doch ein paar Tränen. Keine Kleidchen, keine Zöpfchen, keine Tochter!!! Ich nahm das Ultraschallbild und fuhr mit der Bahn direkt zu meinem Mann in die Bank. Ich bat den Pförtner mir Frank herunterzuschicken. Es dauerte gar nicht lange, da stand er vor mir. Ich muss dazu sagen, dass Frank keinen besonderen Wunsch über das Geschlecht gehegt hatte. Sein Satz war immer: „Hauptsache gesund."

Er schaute mich an und sagte direkt nach der Begrüßung: „Du guckst, als ob es ein Felix werden würde." So gut kannte er mich also. Ich muss gestehen, auf seine Reaktion war ich allerdings nicht gefasst. Er tanzte im Kreis und jubelte überglücklich: "Klasse ein Sohn, da kann ich mit ihm Fußball spielen!" Als er das sagte, leuchteten seine Augen, aber nur solange bis ihm einfiel, dass ich mir ja so sehr ein Mädchen gewünscht hatte. Da kam er dann wieder der Satz: „Hauptsache gesund." Womit er natürlich Recht hatte.

Geduld - Die wichtigste Tugend einer Mutter

So langsam wurde der dicke Bauch dann doch sehr beschwerlich. Ich konnte nachts schlecht schlafen, es fiel mir schwer meine Schuhe zu binden und ich bekam starke Ischiasschmerzen. Das Laufen wurde mir zur Qual und ich kam nur noch sehr langsam voran. Um die Schmerzen zu verringern, hatte der Arzt mir Krankengymnastik verschrieben. Auf dem Weg In die Praxis, musste ich eine vierspurige Straße überqueren, die in der Mitte durch einen schmalen Mittelstreifen getrennt war. Ganz auf der anderen Straßenseite fiel mir eine alte Oma mit einem Stock auf. Sie stand zwischen all den anderen Menschen am Straßenrand und wartete auf grün. Als die Ampel endlich umschaltete, krochen wir beide los. Sie mit ihrem Stock, um den ich sie heimlich beneidete und ich mit meinem dicken Bauch. Die Menschen sausten an uns vorbei und ich kam mir vor, als hätte jemand eine Straße mit Zeitraffer gefilmt. Nur ich und diese alte Frau gehörten nicht dazu. Alle Leute überquerten die breite Straße, nur die alte Oma und ich schafften es gerade mal bis zum Mittelstreifen, als die Ampel schon wieder rot zeigte. Sie lächelte mich an und meinte zu mir: „Geduld gehört zu den wichtigsten Tugenden einer Mutter." Wie Recht sie mit diesem Spruch hatte, begriff ich allerdings erst einige Zeit später.

Als die Ampel wieder grün wurde, krochen wir so schnell es ging weiter auf unserem Weg. Allerdings drehten wir uns beide noch einmal um, um uns zu vergewissern, ob der andere auch sicher den Gehweg erreicht hatte. Sie nickte mir noch einmal zu und ich winkte zurück.

Mein erster Muttertag

Zwei Wochen vor dem errechneten Geburtstermin bekam ich wahnsinnige Bauchschmerzen. Nach Rücksprache mit meiner Hebamme, die ich mir bereits gesucht hatte, fuhren Frank und ich ins Krankenhaus. Mit dem Verdacht auf eine Schwangerschaftsvergiftung wurde die Geburt eingeleitet. Es dauerte allerdings noch unendliche drei Tage, bis Felix von Samstag auf Sonntagnacht um 3.40 Uhr geboren wurde.

So hatte meine Schwangerschaft für uns an einem Sonntagmorgen begonnen und endete an einem Sonntagmorgen, genauer gesagt am 11. Mai, der in diesem Jahr der Muttertag war.

2. Kapitel

Felix erstes Lebensjahr

Erfahrungen mit Kinderärzten, Babykacke und Mülleimerkost

Hurra, ein Junge

Der bis dahin schönste Augenblick in meinem Leben war der Moment, als die Hebamme mir Felix, nur in ein Tuch gewickelt, auf den Bauch legte. Er schaute mich an, als wollte er sagen: " So siehst du also aus." Er war ganz wach und konzentriert. Er schrie gar nicht, sondern fixierte meine Augen und fing urplötzlich an, laut zu schmatzen. Ich legte ihn ungeschickt ein Stückchen höher und die Hebamme half mir ihn richtig an der Brust anzulegen. Diese Kraft, mit der er augenblicklich anfing zu saugen, war unbeschreiblich. Was für ein Lebensdurst!

In den nächsten Tagen musste ich oft an die alte Frau denken. Geduld ist die wichtigste Tugend von Müttern. Wie Recht sie damit hatte! Felix hatte immer Heißhunger. Er schrie alle zwei bis drei Stunden und war nicht eher zufrieden, bis er an Mamas Busen lag. Dementsprechend voll waren auch ständig seine Windeln. Frank und ich hatten alle Hände voll zu tun.

Aber - wir waren so glücklich!

Als Felix dann mit neun Wochen anfing zu lächeln, machte er seinem Namen alle Ehre: Felix der Glückliche. Mit seinen riesengroßen blauen Augen und den langen dunklen Wimpern wurde er zum Liebling der ganzen Nachbarschaft. Jeder der in den Kinderwagen hineinschaute, stellte fest, was für ein hübsches Baby er war.

Beim Kinderarzt

Felix war ein sehr freundliches Kind. Er lachte viel und schäkerte auch gerne mit Fremden. Allerdings schien er unseren Kinderarzt nicht so sehr zu mögen. Als dieser ihn bei der U3 auszog, ließ er das noch ohne großes Theater über sich ergehen. Als der Doktor ihm dann aber auch noch die schöne warme Windel auszog, schien er mit seiner Geduld am Ende. Er pinkelte so heftig, dass der Strahl zuerst dem Doktor direkt ins Gesicht und auf die Brille ging, weiter im hohen Bogen über die Waage, über die Tapete und das Bild hinter sich an der Wand, bis er urplötzlich wieder aufhörte, so dass er selber so gut wie trocken blieb. Der Kinderarzt ertrug es mit Humor. Er wischte sich das Gesicht ab und lachte: "Das hätte ins Auge gehen können, gut dass ich eine Brille trage." Mir allerdings war die ganze Sache ganz schön peinlich!

Wir alle lernen dazu

Als Felix 3 Monate war, lernte er endlich zu greifen. Da er ein Schnullerkind war, erleichterte das unser Leben sehr. Relativ schnell hatte er begriffen, wie er sich den Schnuller selber wieder in seinen Mund stecken konnte. Bis Felix 6 Monate alt war, wurde er von mir voll gestillt. Dann wollte ich langsam damit anfangen Brei zuzufüttern. Ich dachte darüber würde er sich freuen. Irrtum! Die mütterliche Geduld wurde wieder auf eine harte Probe gestellt. Zu Beginn landete mehr Brei auf dem Fußboden, oder auf Mamas Hose und auf dem Lätzchen, als in seinem Mund. Dies ärgerte mich besonders deshalb, weil ich den Brei mit teuren Zutaten aus dem Naturkostladen selber kochte. Felix Begeisterung hielt sich anfangs jedoch sehr in Grenzen. Es dauerte mehrere

Wochen und kostete viele Papiertücher, bis mehr von dem Brei in Felix Magen, als auf dem Fußboden landete.

Mit sieben Monaten fing der Stress aber erst richtig an. Felix lernte nämlich, sich selbständig vorwärts zu bewegen. Man konnte ihn nicht mehr einfach irgendwo ablegen, um etwas anderes zu erledigen. So bald ich mich umdrehte, robbte er durch die ganze Wohnung. An der Höhe der leer geräumten Regalbretter, konnte man immer die Reichweite von Felix erkennen. Ein Regalbrett nach dem anderen mussten wir leer räumen, da Felix alles herunterriss, es sich in den Mund steckte oder kaputt machte. Es mussten viele neue Plätze für Bücher, CDs und Zeitschriften gefunden werden.

Katze und Kind

Mit der Katze war das nicht so einfach. Die Katzentoilette und der Fressnapf waren schon in den Keller verbannt worden. Es kostete uns erhebliche Mühe und viel Geduld, unserer Katze Pauline das Katzentürchen mit seinem Schwingmechanismus nahe zu bringen. Die Fressgier besiegte dann allerdings die Angst.

Felix faszinierte an Pauline am Anfang hauptsächlich der Schwanz. Diesen bewegte die Katze, die auch zu ihm in den Laufstall sprang, immer vor Felix Nase hin und her. Einmal, ich saß auf dem Sofa, hatte ich schon so ein komisches Gefühl. Felix griff urplötzlich mit beiden Händchen nach Paulines Schwanz und biss mit seinen zwei Zähnen, die er schon bekommen hatte, herzhaft hinein. Ich weiß nicht mehr, wer zuerst geschrien hat. Pauline vor Schmerzen, ich vor Entsetzen oder Felix, weil er sich über Paulines und mein Geschrei so erschreckt hat. Die Katze, die mich bei jeder nur erdenklichen

Kleinigkeit kratzte, schlug mit eingezogenen Krallen nach Felix Händen. Irgendwie schien sie zu wissen, dass er es nicht mit böser Absicht getan hatte.
Allerdings war Pauline nicht immer so rücksichtsvoll. Wir hatten von unserem neuen Wohnzimmertisch (nicht so scharfkantig, wie der alte) den großen Verpackungskarton und die Plastikbänder auf dem Fußboden liegen gelassen. Für Felix und Pauline war das das schönste Spielzeug. Nur lag die Katze einmal unter dem Karton und haute mit der Pfote nach dem Band, das Felix für sie hin und her schwenkte. Am Ende des Spiels hatte er einen fetten Kratzer auf der Backe, der ihn aber nicht weiter störte.

Der Umzug ins Kinderzimmer

Als Felix neun Monate alt war, lernte er, sich in seinem Gitterbett hochzuziehen. Er war mächtig stolz. Er stand in seinem Bettchen und strahlte wie ein Honigkuchenpferd. Allerdings hatte er die ersten Tage ein großes Problem: Er kam zwar hoch, aber er schaffte es nicht, sich wieder hinzusetzen. So hing er also, gefühlte hundertmal, brüllend an seinem Gitter und wir mussten ihm wieder hinunter helfen. Kaum dass er saß, richtete er sich wieder auf und das Ganze begann von vorne.
Normalerweise schlafe ich wie ein Stein. Dies änderte sich sofort, als ich Mutter wurde. Ich wachte von jedem leisen Piep auf, den Felix von sich gab. Ein Hüsteln und ich war wach. Da ich ihn nun mit 9 Monaten nachts nicht mehr stillte, und sein Kinderzimmer bereits eingerichtet war, beschlossen wir, dass es für Felix an der Zeit sei, aus dem Schlafzimmer ins Kinderzimmer umzuziehen.
Ich nahm also das Gitterbett und wollte es ins andere Zimmer schieben. Leider musste ich feststellen, dass es zwar zur Schlafzimmertür hinaus, aber

nicht zur Kinderzimmertür hinein passte. Also setzte ich Felix kurz ins Gitterbett und holte mir den Akkuschrauber aus dem Keller. Leider musste ich das ganze Bett auseinanderbauen. Felix spielte lieb um mich herum mit seinen Spielsachen. Ich war so vertieft in den recht komplizierten Abbau, dass ich gar nicht bemerkte, dass Felix Dummheiten machte. Plötzlich stank es unerträglich nach Babykacke. Ich wollte gerade fragen: „Hast du schon wieder die Windel voll, mein Schatz?“, als mir ein leiser Schrei des Entsetzens entwich. Felix hatte sich die völlig vollgekackte Windel, die noch vom letzten Wickeln zusammengerollt auf dem Windeleimer lag, geschnappt. Er hatte die Kacke überall hingeschmiert: auf den Teppich, an die Wand, an seine Spielsachen, seine Kleider waren von oben bis unten voll und ein kleiner brauner Schnurrbart verriet noch so manch Unappetitliches. Der Betttransport wurde also erst einmal eingestellt. Stattdessen war ich bestimmt eine Stunde damit beschäftigt, alles wieder sauber zumachen, Felix zu baden und umzuziehen.

Blumenerde

Felix fing mit zehn Monaten an, sich am Tisch und am Regal hochzuziehen und daran entlang zu laufen. Es war also wieder Zeit, das nächste Regalbrett leer zu räumen. Auch Tischdecken konnte ich keine mehr benutzen, da Felix daran zog, um zu sehen, was sich (davor) auf dem Tisch befand. Einmal zog er an der Tischdecke und saß kurz darauf in einem Meer von Tulpen, die ich in unserem Garten gepflückt hatte. Um ihn herum war alles patschnass. Die schwere Blumenvase war zum Glück ganz geblieben und er hatte sie auch nicht auf den Kopf bekommen.

Kurz vor Silvester hatten wir zwei Kisten mit neuen Sektgläsern gekauft, da wir mit vielen Freunden bei uns feiern wollten. Als nachts alle Gäste gegangen waren, räumten Frank und ich in Ruhe, d.h. ohne Felix, alles wieder auf. Wir trugen die Klappstühle in den Keller zurück, stellten das schmutzige Geschirr in die Geschirrspülmaschine und leerten alle Schälchen aus, damit die Wohnung wieder kindersicher war. Die neuen Sektgläser spülte ich alle mit der Hand und stellte sie zum Trocknen auf ein Geschirrhandtuch auf den Küchentisch. Sie ahnen es sicher schon: ein Zipfel des Geschirrtuchs muss wohl über die Tischkante gehangen haben.
Schneller als ich mit meinen verquollenen Augen gucken konnte, zog Felix daran, als ich morgens um 5 Uhr mit ihm aufstand und in die Küche ging. Alle 12 Sektgläser fielen zu Boden und zerbrachen. Wir beide erschraken uns furchtbar, vor allem Felix, weil ich ihn anschrie, sich nicht zu bewegen. Ich befreite ihn aus dem Scherbenmeer und setzte ihn in seinen Hochstuhl. Von dort konnte er mir beim Auffegen der Scherben zusehen, ohne noch mehr Blödsinn machen zu können. Aber bekanntlich bringen Scherben ja Glück.

Nicht nur an den leeren Regalbrettern, sondern auch an den, in die Höhe wandernden Blumentöpfen, konnte man Rückschlüsse auf Felix Entwicklungsstand ziehen. Anfangs standen die Blumentöpfe auf dem Fußboden. Da Felix die Erde immer herausbuddelte, wanderten sie eine Etage höher. Dazu kauften wir kleine Beistelltischchen. Als Felix nun laufen konnte, fing er an, die Erde zu essen. Mit braun verschmiertem Gesicht und Händen saß er schmatzend neben der Yukkapalme. Noch höher konnten wir die Pflanzen nicht stellen. Ich war dankbar für den Tipp einer Freundin, Nylonstrümpfe über den Topf zu ziehen und das Ende oben um die Pflanze zu binden. So konnte man die Pflanzen zwar gießen, Felix kam aber nicht mehr an die Erde heran. Das sah wirklich erotisch aus: Yukkapalme und Co in schwarzen Nylons. Aber es half.

Es dauerte nicht lange und Felix schob sich, noch bevor er überhaupt frei laufen konnte, einen Stuhl an die Regale, um an die Dinge, die er untersuchen wollte, heranzukommen. Nun konnten wir ihn nicht mehr aus den Augen lassen. Da dies zu anstrengend und zu gefährlich war, beschlossen wir, uns einen Laufstall anzuschaffen. In diesem lagen ganz bestimmte Spielsachen, mit denen er nur dort spielen durfte. So freute er sich sogar auf sein „Gefängnis“ und ich hatte kein schlechtes Gewissen, wenn ich ihn hin und wieder „einsperrte“.

Mülleimer contra Muttermilch

Der nächste Gegenstand, der Felix faszinierte, war der Küchenabfalleimer. Er hatte genau beobachtet, dass er aufging, wenn man auf das Pedal trat. Und es dauerte nicht lange und Felix saß schmatzend vor dem Mülleimer. Manchmal hegte ich den stillen Verdacht, dass sein Bioessen vielleicht etwas zu einseitig und fad war.

Mit zehn Monaten beschloss ich, Felix abzustillen. Als er jedoch am nächsten Tag hohes Fieber und Husten bekam, hatte ich sofort ein schlechtes Gewissen. Mangelnder Immunschutz und so. Also wollte ich ihm die gesunde Muttermilch doch noch ein Weilchen gönnen. Bei dem Versuch ihn anzulegen, wendete er sich mit angeekeltem Gesicht von mir ab, als wollte ich ihn vergiften (aber Müll essen!). So hatte ich wenigstens kein schlechtes Gewissen mehr, wenn es mich auch etwas melancholisch stimmte und mir die Nähe anfangs sehr fehlte.

Garten

Da zu unserem Haus ein Garten gehört, eröffneten sich für Felix mit dem Frühjahr viele neue Erforschungsmöglichkeiten. Einmal spielte er lieb im Sandkasten, während ich Unkraut jätete. Nachdem ich sah, was Felix mit all den Blümchen neben dem Sandkasten gemacht hatte, fiel mir wieder ein, dass man niemals etwas vormachen sollte, was die Kinder nicht nachmachen dürfen. Felix hatte allen Stiefmütterchen die Köpfe abgerissen und sie in seinem Förmchen gesammelt. Stolz präsentierte er mir seine „Arbeit".

Ein anderes Mal, wir kamen von einem Spaziergang zurück, lief Felix schon vor in die Wohnung. Zum Spazierengehen benutzen wir oft den Ausgang über die Terrasse durch den Garten. Deshalb hatte ich keinen Haustürschlüssel dabei. Da ich noch kurz den Kinderwagen aufräumte, bemerkte ich zu spät, dass Felix die Terrassentür zu gemacht hatte und der Bügel nach oben geschnalzt war. Nun konnte ich die Terrassentür nicht mehr von außen öffnen. Felix war aber zu klein, um den Bügel von innen wieder hinunter zu drehen. Er war also in der Wohnung eingesperrt, da mein Schlüssel drinnen am Bord hing. Zu dieser Zeit hatte Felix das Treppensteigen entdeckt. Einige Tage vorher war er in einem unbeaufsichtigten Moment zur Treppe gekrabbelt und hinuntergefallen. Er schlug dabei so heftig mit dem Kopf gegen den Heizkörper, der am Ende der Treppe im Flur hängt, dass wir ins Krankenhaus mussten. Außer einer schlimmen Beule, war aber zum Glück nichts passiert. Das neue Törchen lag noch im Keller, deshalb hatte ich, als er so eingesperrt in der Wohnung saß, panische Angst, dass er wieder zur Treppe krabbeln oder auch sonstigen Blödsinn anstellen könnte. Ich klingelte völlig aufgelöst beim Nachbarn, der mir freundlicherweise sein Handy lieh. Ich rief bei Frank in der Bank an und bat ihn so schnell wie möglich mit seinem Schlüssel zu kommen. Ich wusste gar nicht, dass eine halbe Stunde so lang sein kann. Felix war zum Glück seine Mütze ins Gesicht gerutscht, so dass er nichts sehen konnte und die halbe Stunde weinend an der Terrassentür sitzen blieb. Er war völlig verwirrt, weil ich nicht zu ihm kam, um ihm zu helfen. Um ihn zu beruhigen, sang ich mit zitternder Stimme LaLeLu durch die geschlossene Tür und hoffte, dass Frank mit seinem Schlüssel bald da sein würde, um Felix und mich zu erlösen.

Schnullersuche

Alle Eltern, die ein Kind haben, das einen Schnuller braucht, werden das leidige Thema der Schnullersuche kennen. Nie ist einer da, wenn man ihn am dringendsten braucht. Vor allem nachts brachte uns die Sucherei im und um das Bettchen nahe an den Nervenzusammenbruch. Und obwohl es immer mehr Schnuller wurden, zwischenzeitlich waren es bestimmt fünf Stück, fand man nachts im Halbschlaf nicht einen einzigen. Also Licht an und damit war nicht nur Felix hellwach, sondern auch Frank oder ich. Aus meiner Not heraus nähte ich Felix eine Puppe, an der ich an einer weichen Zipfelmütze den Schnuller mit einem Druckknopf befestigte. Diese Erfindung bescherte der ganzen Familie ruhige Nächte und war eine enorme Zeitersparnis. Ich verkaufte diese Schnullerpuppen auf verschiedenen Kunsthandwerkermärkten in Frankfurt. Damit hatte ich so großen Erfolg bei vielen anderen „schnullersuchgeplagten“ Eltern, dass ich mir einen Patenanwalt suchte und ein Gebrauchsmuster (kleines Patent) beim Patent- und Markenamt in München anmeldete. Die Firma JAKO-O kaufte diese Lizenz und produzierte Schnullerpuppen, Schnullerelefanten und Schnullerhasen.

Wir verstehen uns

Mit der Kommunikation klappte es zwischen Felix und mir immer besser. Vom absoluten Selbstgespräch (bei dem ich mir manchmal schon wie eine Verrückte vorgekommen bin), über körperliche Reaktionen auf mein Gerede, wie lächeln oder bei bestimmten Liedern Händchen drehen, bis hin zu verbalen Lauten (Worte will ich es noch nicht nennen), wird doch jeder Lernschritt von allen Eltern hocherfreut wahrgenommen. Felix erstes „Wort" war Baba. Und ich muss gestehen, ich war etwas eifersüchtig, denn es hörte sich wirklich sehr nach Papa an. Genauso schnell wie es aufgetaucht war, verschwand es wieder und dann kam mit 9 Monaten Mama. War ich stolz! Mein Sohn rief Mama, und ich war da. Als nächstes Wort kam „da". Dieses Wort wurde zu Felix Lieblingswort. Er benutzte es gefühlte tausendmal am Tag in allen möglichen Situationen. Irgendwann konnte ich dieses Wort nicht mehr hören und war sehr froh, als sich Felix Wortschatz erweiterte!

Es ist schon interessant, wie gut sich Kinder auch wortlos verständigen können. Felix Lieblingsbeschäftigung war es lange Zeit, seine Strümpfe auszuziehen. Wenn ich ihn dann fragte. „Wo hast du denn schon wieder deine Strümpfe hin?", brachte er sie mir ganz stolz. Wenn Felix Durst hatte, schlug er solange mit seiner Trinkflasche auf mir herum, bis ich ihm etwas zu trinken gab. Wenn er etwas essen wollte, stellte er sich vor mich hin und begann zu schmatzen. Wenn Felix seine Ärmchen dazu hob, wollte er nichts essen, sondern mit der Mama schmusen.

3. Kapitel

Das zweite Lebensjahr

Überraschungen mit Pipi-Suppe, Katzekacke Mamas Grenzen

Die Kletterphase

Endlich, nachdem Felix mehrere Monate am Tisch, an meinen Beinen und an den Regalen entlang gelaufen war, konnte er mit 14 Monaten frei laufen. Das gelang ihm dann auch gleich sehr gut.

Da kleine Kinder ja bekanntlich kein Wochenende kennen, war seit Felix Geburt unser Schlafdefizit von Monat zu Monat gewachsen. Irgendwann haben Frank und ich beschlossen, uns mit dem Ausschlafen am Wochenende abzuwechseln. Der eine durfte also liegen bleiben, während der andere mit Felix aufstand und ihm Frühstück machte. Oft habe ich es aber gerade noch geschafft ihn anzuziehen und mich unten wieder aufs Sofa zu legen, um weiter zu schlafen. Da, wie bekannt, die Regale im Wohnzimmer geleert, der Tisch erneuert, die Pflanzen verpackt und alle Kleinteile verbannt wurden, war unser Wohnzimmer kindgerecht. Dachten wir!

Allerdings hatte niemand mit Felix Kletterkünsten gerechnet. Ich wachte auf, weil Felix mir eine Banane auf den Kopf haute. Er hatte Hunger. Ich wunderte mich zwar kurz, woher er die Banane hatte, öffnete sie ihm aber und verfiel sofort wieder in einen komaähnlichen Schlaf. Felix weckte mich erneut. Diesmal schlug er mir fünf Bananen auf den Kopf. Das ließ mich dann doch aufschrecken. Auf meine Frage: „Woher hast du denn die Bananen?“, zeigte er mir stolz, wie er sie sich beschafft hatte. Er hatte sich den Stuhl unter dem Tisch heraus gezogen, war auf den Stuhl geklettert, von dort auf den Tisch, der vor der Durchreiche zur Küche stand. Die Durchreiche stellte für ihn kein Problem dar, er war einfach hindurch in die Küche auf die Anrichte geklettert.

Nun musste er nur noch auf den Küchenschränken ein kleines Stück weiterkrabbeln, dann kam er an die Obstschale, wie er mir stolz präsentierte. Es muss fast zur gleichen Zeit gewesen sein, als Felix mich begeistert in die Küche rief. Ich hatte das scharfe und spitze Messer ganz in die Mitte auf den Tisch gelegt, damit Felix nicht dran kommen konnte. Wie sooft hatte ich ihn unterschätzt. Er stand eben auf jenem Küchentisch genau dort, wo das Messer gelegen hatte. Da er noch nicht so sicher frei stehen konnte, hielt er sich mit einer Hand an der schaukelnden Lampe fest. Das scharfe Messer hielt er in der anderen Hand und dachte ich wäre super stolz, weil er es geschafft hatte. Ich muss zugeben, meine Begeisterung hielt sich in Grenzen. Anscheinend war das Felix Kletterphase. Einerseits war ich froh, dass er nun nicht mehr alles in den Mund steckte, andererseits beanspruchte er seinen Schutzengel zu dieser Zeit besonders häufig. Wir waren bei seiner gleichaltrigen Freundin Celine zu Besuch. Die Kinder spielten im Wohnzimmer und machten ziemlich viel Lärm. Als wir aus der Küche zurückkamen war Felix verschwunden. Die Wohnzimmertüre war zu gewesen und wir hatten die Kinder durch die Durchreiche beobachtet. Also wo steckte Felix plötzlich? Meine Freundin Vivienne hatte ein Stufenregal, das von der Erde bis fast unter die Decke reichte. Als ich sah, dass all die Dinge, die vorher auf dem jeweils obersten Brett des Regals gestanden hatten, auf der Erde lagen und mein Blick bis auf das oberste Brett fiel, blieb mir fast das Herz stehen. Felix war bis unter die Decke geklettert und hatte auf seinem Weg nach oben alles hinuntergeworfen, was ihm im Weg lag. Ich brauchte einen Stuhl, um ihn von dort oben hinunter zu holen.

Kinderfrei

Mein Mann war bei Felix geblieben, als ich abends zu einem Vortrag über Vollwerternährung gegangen bin. Als ich losging, kam ich mir richtig nackt vor: Keine Windeln, kein Trinkfläschchen, keine Reiswaffeln, ich musste nichts mitnehmen. Es war ein unbeschreibliches Gefühl. Ich saß im Auto, das wir uns mittlerweile angeschafft hatten, hörte keine „Anne Kaffeekanne" sondern „Pe Werner" musste nicht ständig irgendetwas aufheben, was gerade hinuntergefallen war und musste an der Ampel kein Gespräch anfangen, um die Wartezeit zu überbrücken. Nur wer selber aus eigener Erfahrung weiß, wie das ist, kann dieses Gefühl nachvollziehen. Allerdings als ein Feuerwehrzug mit Blaulicht und Tatütata an mir vorbei sauste, bedauerte ich für einen Augenblick, dass Felix nicht bei mir war und das verpasst hatte. Einen sehr kurzen Augenblick, muss ich gestehen.
Der Vortrag war sehr informativ und bestätigte mich in Felix Ernährung. Als hätte ich es geahnt, blieb ich, obwohl es bereits fast 24.00 Uhr war, noch eine ganze Weile vor der Haustüre gemütlich im Auto sitzen. Ich hatte die Kassette fertig gehört und stieg aus dem Auto aus, als ich Felix schon brüllen hörte. Frank war ziemlich verzweifelt, weil er Felix nicht beruhigen konnte und auch nicht wusste, warum er so weinte. Ich sang, ich schaukelte ihn, ich trug ihn auf dem Arm durch die Wohnung, auch bei mir half alles nichts. Felix brüllte seit 4 Stunden so, wie wir es nicht von ihm kannten. Ich wollte ihm Tropfen gegen Blähungen geben, weil ich vermutete, dass er Bauchschmerzen haben könnte. Felix steigerte sich immer mehr in sein Schreien hinein und diese dämlichen Tropfen tropften nicht. Ich schüttelte das Fläschchen, ich klopfte, nichts passierte. Ich wollte in meiner Not mit den Zähnen den Plastiktropfer abmachen, biss ins Glas und brach mir ein Stück vom Schneidezahn ab. Als ob Felix bemerkt hätte, dass ich vollkommen entnervt war, verschonte er mich so lange mit Schreien, bis ich meinen Zahn begutachtet und mit der Nagelpfeile etwas glatt geschliffen hatte. Dann fing er

erneut an. Es hatte keinen Zweck, ich musste mit ihm zum Notdienst. Ich rief dort also an und man sagte mir, dass ich durch die halbe Stadt fahren musste. Gegen 2.30 Uhr waren wir endlich da. Felix hatte die ganze Fahrt gebrüllt und als ich ihn aus dem Autositz nahm, erbrach er sich wie eine Fontäne über meine Schulter. Augenblicklich hörte er auf zu weinen. Ich ging mit ihm an die Anmeldung und wartete dann eine Weile im Wartezimmer. Als der Arzt kam, um uns zu holen, lachte Felix ihn freundlich vom Schaukelpferd aus an, auf dem er mittlerweile saß und rief. „ Hallo! “ Es war mir total peinlich. Ich sah mich schon als hysterische Mutter abgestempelt, die aus einer Kleinigkeit einen Elefanten macht. Als ich allerdings die Diagnose hörte, wäre es mir lieber gewesen, wenn ich als hysterisch gegolten hätte und Felix dafür gesund gewesen wäre. Er hatte eine beidseitige akute Mittelohrentzündung und muss starke Schmerzen gehabt haben. Der Arzt erklärte mir, dass durch das Erbrechen eine gewisse Erleichterung eingetreten sein muss.
Mit einem Rezept für Antibiotika fuhr ich direkt nach Hause. Dieses Medikament gab ich Felix allerdings nicht. Ich legte ihm zwei Zwiebelsäckchen auf die Ohren, die ich mit seiner Mütze fixierte und gab ihm homöopathische Ohrentropfen. Wie sich bei der Kontrolle durch die Kinderärztin am nächsten Tag zeigte, hatte auch das sehr gut geholfen.

Besitzansprüche

Felix war schon immer ein Kind, das sich beim Spielen mit anderen nichts hat wegnehmen lassen. Seine neuste Methode war es, die Kinder furchtbar anzuschreien und so böse zu gucken, dass ich mich beherrschen musste, nicht laut loszulachen. Wenn das alles nichts half, versuchte er sie zu beißen oder regelrecht anzuspringen und ihnen das Gesicht zu zerkratzen. Nun muss ich gestehen, hätte ich nicht gerne ein Kind, das nur dasitzt, wenn andere ihm die Spielsachen wegnehmen, aber Felix war wirklich viel zu rabiat. Das ging soweit, dass seine Freundin Lina-Sophie, gerade als ein Kratzer im Gesicht verheilt war, einen neuen verpasst bekam. Im Spaß rätselte meine Freundin Claudia, ob mein Sohn der richtige Umgang für ihre Tochter sei.

Ein Geschwisterchen für Felix

Frank und ich wünschten uns ein Geschwisterchen für Felix. Felix war mittlerweile 17 Monate und wir beide waren zu Besuch bei meinen Eltern. Da meine Periode einige Tage überfällig war, machte ich einen Schwangerschaftstest. Diesmal war es eine hellblaue Verpackung, aber ich ließ mich zu keinen Vorhersagen mehr hinreißen. Nun erfuhr Frank von seinem erneuten Vaterglück durchs Telefon. Er freute sich wieder riesig!
Mit dem Sprechen klappte es bei Felix immer besser und so zeigte er immer auf meinen Bauch und erzählte jedem, ob Müllmann oder Wurstverkäuferin: „Baby da!“ Mir ging es diesmal am Anfang der Schwangerschaft ziemlich schlecht. Die ersten Wochen war mir häufig übel und ich war immer müde. Ich hätte nur noch schlafen können.
In der 8 Woche hatten wir unseren ersten Fototermin. Frank und ich waren uns einig, dass wir diesmal nicht wissen wollten, ob es ein Mädchen oder ein Junge werden würde. So am Anfang konnte man so wie so nur das kleine Herz heftig pochen sehen. Dieser kräftige, gleichmäßige Herzschlag hat mich wahnsinnig beruhigt, denn zwei Freundinnen von mir hatten in der 8. Woche eine Fehlgeburt. Aber bei unserem Gummibärchen war alles in Ordnung. Auch der nächste Fototermin war wieder ein unglaubliches Ereignis für uns. Das Baby hatte richtige Arme und Beine, mit denen es wild strampelte.

Ein Abend für Mama und Papa
NEIN: Ein Abend für Jutta und Frank!

Meine Mutter war anlässlich eines Kunsthandwerkerinnenmarktes, an dem ich wieder mit selbstgemachten Sachen teilnahm, von Karlsruhe angereist. Sie wollte mich am Stand ablösen, da dieser Markt über drei Tage ging. Zufälligerweise fiel dieses Wochenende direkt auf unseren zweiten Hochzeitstag. Frank, der schon immer einmal in Frankfurt mit mir Sushi essen gehen wollte, lud mich dazu ein. Wir genossen den Abend in vollen Zügen, vor allem mit der Sicherheit, dass Felix in guten Händen war. Mit dem Handy auf Brummton geschaltet, waren wir auch immer erreichbar. Wie gemütlich ein Essen ohne Kinder war, hatte ich schon fast vergessen. Abgesehen davon, dass Felix nichts schmeckte, was es im Restaurant gab, lief er zwischen den anderen Gästen herum und fragte sie. „Isst du da? Iss gut?" Dies ging soweit, dass er sogar einmal etwas von einem älteren Herrn abbekam.

Da Felix sehr früh alleine essen wollte, landete meist mehr auf dem Teppich und auf seiner Hose, als im Mund. Was wiederum bedeutete, dass einer von uns beiden mit einem Stapel Servietten bewaffnet auf dem Fußboden herumrobbte, während oben auf dem Tisch das Essen kalt wurde. Hinzu kam, dass Felix so ein Zappel war, dass garantiert ein Saftglas pro Essen umkippte. Einmal musste ich sogar mit ihm nach Hause fahren, weil er patschnass war. So viel zum gemütlichen Essen mit Kindern. Von alledem blieben wir diesmal verschont. Es war phantastisch!

Der große Bruder

Oft fragte ich mich, ob Felix wirklich verstand, dass in meinem Bauch ein Baby heranwuchs. Er nahm auf jeden Fall regen Anteil. So wollte er wissen, ob das Baby auch Heia und Pipi macht. Einmal, wir waren gerade beim Frühstück und ich hatte das Hemd über den dicken Bauch gezogen, klatschte mir Felix unvermittelt sein Honigbrot auf den nackten Bauch. Schließlich hatte das Kind auch Hunger. Über seinen Kommentar „Iss gesund!“, mussten wir herzlich lachen.
Ein anderes Mal nahm er die elektrische Zahnbürste aus dem Mund und schrubbte mir den Bauch. Sein Kommentar diesmal: „Baby au Säne butz!“ Aber am allerliebsten kuschelte er sich auf meinen nackten Bauch, schmuste mit seinem Baby und küsste es wild, feucht und leidenschaftlich. Oft fragte ich mich, wie ein so kleiner Wurm, wenn er denn erst mal da wäre, diese Liebesattacken unbeschadet überstehen würde?!

In der 20 Woche hatten wir mal wieder einen Fototermin. Felix durfte diesmal mit und war ganz aufgeregt. Die Ärztin huschte schnell über den Unterleib des Kindes, denn sie hatte das Geschlecht schon gesehen. Frank und ich schauten uns an und waren uns sicher, dass sie **etwas** gesehen hatte. Also ein Julian. Ich war ehrlich gesagt ziemlich enttäuscht. Aber alle anderen Ergebnisse waren in Ordnung. 20 cm war unser Fratz nun schon groß und er war wieder nur am toben. Die Ärztin meinte, so ein lebendiges Kind hätte sie selten gesehen. Allerdings beruhigte sie mich, dass die Kinder, die im Mutterleib so lebendig gewesen seien, hinterher die reinsten Sonnenscheinchen gewesen wären. Es bestand also noch Hoffnung!

Katzenklo

Felix schienen die Ideen niemals auszugehen. Frank wollte abends, als er der Katze im Keller Futter gab, den Katzenkloeimer leeren. Da es sich hierbei um einen sehr großen Eimer mit Deckel handelte, war er für mich viel zu schwer. In den Eimer kamen nicht nur die Pipibollen, wie wir die zusammen geklumpten Urinkugeln nennen, sondern auch die Kackwürstchen und die leeren Futterdosen. Beim Öffnen des Deckels fielen wir, bevor wir Felix hatten, regelmäßig in Ohnmacht. Mittlerweile waren wir abgehärtet, durch den Gestank von offenen Windeleimern, bzw. hatten eine Taktik entwickelt, die das Überleben sicherte : Kurz vor dem Öffnen des Deckels die Windel bereits fertig zusammengerollt in der Hand, noch einmal tief Luft holen, Luft anhalten, Deckel in Höchstgeschwindigkeit öffnen und gleich nach Einwurf der Windel wieder schließen. Allerdings noch nicht gleich wieder einatmen, da sich der Gestank von Babykacke nicht so schnell verflüchtigt, wie der Duft von Franks irre teurem Rasierwasser.
Diese Taktik wurde auch auf den Katzenkloeimer übertragen. Aber nun zurück, zu Frank und seinem freundlichen Vorhaben, den Katzenmülleimer zu leeren. Ich sage deshalb Vorhaben, weil es draußen in Bindfäden schüttete und anstatt den Eimer vor die Haustür unter das Vordach zu stellen, ließ Frank ihn in der Wohnung stehen. Da ich bereits im Bett lag, bekam ich von dieser ganzen Aktion nichts mit. Felix, der mittlerweile manchmal über sein Gitterbett kletterte, war am nächsten Morgen als Erster wach. Mich weckte nicht der Katzengestank, wie sie vielleicht denken werden. Es war Felix, der an meiner Bettdecke riss und mir mal wieder stolz zeigen wollte, was er schon alles konnte. Erst an der Treppe schwante mir Böses. Das es allerdings so schlimm kommen konnte, wäre mir in meinen kühnsten Träumen nicht eingefallen. Felix hatte die teilweise verschimmelten Katzenfutterdosen im Wohnzimmer auf dem Couchtisch nebeneinander aufgereiht. Darin befanden sich in den ersten Dosen, fein säuberlich getrennt,

nur die Kackwürstchen. In die restlichen Dosen hatte er versucht die Pipibollen hineinzuquetschen, was ihm nicht überall gelungen war. Nicht nur der Fußboden von der Haustür, durch den Flur bis ins Wohnzimmer, sondern auch der ganze Tisch war voll mit vollgesaugtem Katzenstreu. Es stank erbärmlich. Nicht nur Felix wurde komplett gebadet, sondern auch der Fußboden und der Tisch wurden mehrmals geschrubbt.

Wandschmuck

Es war nicht lange nach der Katzenklokatastrophe, als Felix verdächtig leise im Badezimmer spielte. Da ich keine Putzmittel oder ähnliches in Kinderreichweite hatte, dauerte es eine Weile, bevor ich mich aufraffen konnte, nachzusehen was er machte. Als ich die Tür öffnete, schaute er mich ganz schuldbewusst an und sagte. „Felix Dummheit macht!“ und war völlig verwirrt, als ich in schallendes Gelächter ausbrach. Er hatte die Packung mit 30 Damenflügelbinden aufgerissen, 90 Klebestreifen abgefummelt, diese ordentlich auf den Klodeckel gelegt und alle 30 rosa Binden an die weißen Fliesen geklebt. Es sah herrlich aus.

Leckre Suppe

Felix liebte es, mit uns, aber auch alleine, Bilderbücher anzuschauen. So legten wir ihm am Wochenende immer einen Stapel Bücher in seinem Gitterbett ans Fußende. Wenn er dann wach war, schaute er sich, manchmal noch fast eine Stunde lang, lieb Bilderbücher an.

Besonders liebte er ein Märchenbuch, in dem ein kleines Zwerglein einer kranken Meise eine Suppe kocht. Wir sangen immer gemeinsam: „Ich koche eine Suppe, leckre, leckre Suppe.“ Dieses Lied sang er, als er alleine in der Küche spielte. Ich hörte ihn, wie er sich einen Kochtopf holte und aus seiner Schublade einen Löffel herausnahm. Ich ahnte auch, dass er sich eine Packung Nudeln geholt hatte, so hörte es sich wenigstens an. Er sang lautstark und ich war froh, in Ruhe etwas erledigen zu können. Als ich in die Küche kam, ich hatte sie, wie eigentlich vor solchen Katastrophen immer, frisch geputzt, traf mich fast der Schlag. Felix hatte sich, wie vermutet, einen Kochtopf und Nudeln geholt, außerdem hatte er sich aber eine Packung Mehl geschnappt und fleißig überall verstreut. Wenn da nicht noch das Wasser gewesen wäre. Ich hatte nicht gehört, wie er sich den Stuhl an den Wasserhahn gezogen hatte und wunderte mich, woher die Flüssigkeit kam. Auf meine Frage erklärte er mir: „Suppe is Pipi!“
Mir war der Appetit auf seine leckre Suppe vergangen.

Video

Ich hatte zu diesem Zeitpunkt der Schwangerschaft relativ schlechte Nerven und motzte häufig mit Felix herum. Es tat mir hinterher immer sehr leid, weil er die Dinge nicht absichtlich zerstörte, sondern aus seiner Neugierde heraus alles untersuchte und auseinandernahm.
So auch das Band einer Videokassette. Wer es nicht mit eigenen Augen gesehen hat, glaubt nicht, wie lang so ein Videoband ist. Allerdings fand die Katze das Band, das sich ständig bewegte, sehr interessant. Ich dachte die beiden spielen mit einer der Schnüre, die bei uns immer herumliegen. Als ich Felix plötzlich, nach einer ganzen Weile Gekicher, umfallen und weinen hörte. Er hatte sich so oft um sich selbst gedreht und war völlig in das Videoband

eingewickelt, dass ich ihn nur mit einer Schere befreien konnte. Das Videoband konnte ich natürlich wegwerfen.

Mamas Grenzen

Unseren schlimmsten Kampf hatten Felix und ich wegen des Telefons. Es gab für Felix eine Zeit lang nichts Schöneres, als mit dem Telefon zu spielen oder den Papa anzurufen. Es war kaum noch möglich, irgendjemanden anzurufen, ohne ihn wenigstens „Hallo“ sagen zu lassen. Es artete in richtige Machtkämpfe aus, wenn ich den Hörer zurück haben wollte. Aber auch wenn niemand am Telefon war, telefonierte Felix, sobald ich mich umdrehte. Er wählte wild irgendwelche Nummer und freute sich sehr, wenn er jemanden erreichte, der mit ihm sprach. Bereitwillig nannte er seinen Namen „Lelix“, sagte er sei „fast dwei“ und erklärte: „Mama Baby bauch, Mama müde“ Oft behauptete er auch: „Mama weg, is einkauf!“ Ich befürchtete, dass irgendwann das Jugendamt vor der Türe stehen würde, weil ich meinen armen kleinen Sohn ganz alleine zu Hause ließ.

So konnte es nicht weiter gehen! Ich erklärte es ihm (super pädagogisch), ich verbat es ihm (nicht mehr ganz so pädagogisch), ich schrie ihn an (ganz schlecht), ich tat so, als würde ich es nicht sehen (noch schlechter und so inkonsequent). Ich wusste mir wirklich nicht mehr zu helfen. In diesem Stadion meiner Frustration, besuchte ich mit den anderen Müttern des Miniclubs einen Vortrag der evangelischen Familienbildung “Was tun wenn Kinder trotzen?“ Vollgeladen mit guten und weniger guten Ratschlägen, ging ich nach Hause. Einer der ganz miesen Vorschläge kam von einer Mutter, die mir auch absolut unsympathisch war. Sie sperrte ihren Sohn immer ins Badezimmer, wenn er nicht gehorchte. Allerdings hatte die Türe Milchglas, so dass ihr Sohn sie angeblich noch sehen konnte. Nachdem Felix das Telefon mehrmals hinuntergeworfen hatte, war es irgendwann kaputt. Ich war stinksauer. Wenn ich es mir hinterher überlege, war ich so wütend, weil ich mich so hilflos fühlte. In meiner Wut packte ich Felix und sperrte ihn ins Bad, obwohl unsere Tür aus massivem Holz ist. Es dauerte keine zwei Sekunden, da nagte das schlechte Gewissen an mir. Ich schlich an die Türe und legte ein Ohr daran. Und was bekam ich zu hören? Felix brabbelte vergnügt vor sich hin. Er holte seine Zahnbürste. Weil er den Wasserhahn hier nicht alleine anbekam, machte er die Bürste in der Toilette nass. Während er sich singend die Zähne putzte, machte ich mir Vorwürfe. Ich glaube, er hatte gemerkt, dass diese Erziehungsmethode nicht wirklich von mir kam. Ein paar Tage später nämlich, der Telefonkampf war ungebrochen weitergegangen, platzte mir wirklich der Kragen, wie er mir noch nie zuvor geplatzt war. Ich schrie ihn an, packte ihn bei den Armen, schüttelte ihn, setzte ihn vor mich auf den Sessel und brüllte, was ich mit ihm machen sollte. Er war völlig fasziniert, weinte gar nicht und schaute mich verständnisvoll aus seinen blauen Augen an. Ab diesem Zeitpunkt war sein Interesse für das Telefon auf ein Normalmaß geschrumpft.

Geburtsvorbereitung

Auch diesmal wollte ich an einem Kurs zur Geburtsvorbereitung teilnehmen. Da ich mit der Betreuung im Krankenhaus das letzte Mal nicht zufrieden gewesen war, hatten wir uns für eine Entbindung im Geburtshaus entschieden. Um die Hebammen und das Haus besser kennenzulernen, meldete ich mich dort für einen Kurs an

Die Atmosphäre war wunderschön. Die Räume freundlich und von liebevoller Hand eingerichtet. Jedoch brach es mir anfangs jedes Mal das Herz, wenn ich mich auf den Weg dorthin machte, denn Felix wollte mich nicht gehen lassen. Er weinte so heftig und ließ sich von Frank nicht trösten. Es ist mir, als höre ich noch heute das Kratzen seiner kleinen Händchen auf dem Wellglas unserer Haustüre. Frank erzählte mir einmal, als ich nachts nach Hause kam, dass er Felix 45 Minuten an der Tür hatte schreien lassen müssen, weil er sich so heftig gegen seine Tröstungsversuche gewehrt hatte. Er wäre ihm sogar beinahe vom Arm gefallen. Erst als er sich müde geweint hatte, ließ er sich ins Bett bringen. Aber auch das waren Erfahrungen, die Felix stärker gemacht haben.

Hebel und Schalter

Kein Knopf, kein Hebel und kein Schalter war zu dieser Zeit vor Felix Forscherdrang sicher. Zu einem Untersuchungstermin nahm ich ihn mit ins Geburtshaus. Er krabbelte, während ich auf der Liege lag und die Hebamme gerade dabei war mit einem Hörrohr die Herztöne des Babys zu kontrollieren, auf dem Fußboden herum. Plötzlich begann es zu brummen und die Liege fuhr nach oben. Die Hebamme und ich erschraken uns furchtbar. Bevor wir aber Felix unter der Liege hervorholen konnten, hatte er schon den nächsten Hebel gefunden. Dieser ließ das Kopfteil der Liege in die aufrechte Position hochschnellen. Diese Funktion kannte selbst die Hebamme noch nicht und wir hatten einige Mühe, die Liege wieder in ihre Ausgangslage zurückzustellen.

Ein anderes Mal, wir waren auf einem Amt, schaltete Felix in einem unbeobachteten Moment den Hauptschalter des Computers aus. Der Büroangestellte reagierte aber sehr freundlich, denn er hatte selber einen kleinen Sohn und war solche Aktionen zum Glück gewohnt.

4. Kapitel

Felix drittes und Janas erstes Lebensjahr

Ein Geschwisterchen für Felix

Wehen, Wehen, Wehen

Die Schwangerschaft verlief im mittleren Drittel sehr gut. Mitte April, ich war in der 32 Woche, hatte ich ziemlich viel Stress. Frank wollte seinen Geburtstag noch mal richtig feiern, bevor das Baby kommen sollte. Termin war erst am 10. Juni. Aber anscheinend war das alles zu viel für mich. Nachts bekam ich starke Bauchkrämpfe und als ich bemerkte, dass sie regelmäßig alle 7 Minuten kamen, fuhren Frank und ich ins Krankenhaus. Die Hebamme bestätigte meinen Verdacht. Es handelte sich tatsächlich um Wehen. Sie wollte mich vorsichtshalber dabehalten, weil aber der Muttermund fest verschlossen war, fuhren wir gemeinsam wieder nach Hause. Der Frauenarzt, bei dem ich am nächsten Tag einen Termin hatte, verordnete mir Bettruhe und schrieb mir eine Haushaltshilfe auf. Das stellte eine große Entlastung für mich dar. Allerdings kümmerte diese sich wenig um Felix, sondern mehr um den Haushalt. So spielte sich Felix und mein Leben die nächsten Wochen rund ums Sofa ab.
Die nächste Hiobsbotschaft in der 34. Woche war, dass sich das Baby, das bereits mit dem Kopf nach unten im Becken gelegen hatte, wieder zurück gedreht hatte. Der kleine Popo lag unten und es hatte die Arme um die gestreckten Beine geschlungen. Einerseits sehr schlau, denn wenn der Kopf unten gelegen hätte, wäre das Baby bei den immer noch regelmäßigen Kontraktionen vermutlich gekommen.
Allerdings zerplatzte mein Traum von einer natürlichen Geburt im Geburtshaus wie eine Seifenblase. Ich war todunglücklich. Ich sah einem

Kaiserschnitt mit Horror entgegen. Da erfuhr ich vom Schiffer Krankenhaus in Frankfurt, dass Beckenendlage Kinder versucht, natürlich zu entbinden. Wir machten einen Termin mit dem Chefarzt aus. Ich war überrascht über die Freundlichkeit und die Herzlichkeit, mit der mir der Arzt begegnete. Er wollte mich gleich dabehalten, da ich immer noch alle 6 Minuten starke Wehen hatte. Als ich ihm sagte, dass ich diese bereits seit 2 Wochen hatte, ließ er mich gehen. Allerdings klärte er mich darüber auf, dass der kleine Po viel schneller herausrutscht und ich bei den ersten Anzeichen von Wehen (Haha, darüber musste er dann selber lachen) sofort einen Krankenwagen rufen sollte.

Frank und ich versuchten alles, damit sich unser Kind doch noch dreht. Wir leuchteten ihm den Weg mit einer Taschenlampe, wir spielten ihm am „Ausgang" Musik von der Spieluhr vor. Frank behandelte meine Füße mit pervers stinkenden „Moxazigarren", ich übte mich in der chinesischen Brücke, ich schlief mit erhöhtem Po, aber es half alles nichts, unser Kind wollte sich nicht drehen. Kurzzeitig zogen wir auch eine äußerliche Wendung durch den Arzt in Betracht, verwarfen dies aber wieder. Und während der ganzen Zeit hatte ich Wehen, Wehen, Wehen. Wäre dies unser erstes Kind gewesen, hätte ich mir wenigstens keine Sorgen um die Unterbringung des anderen Kindes machen müssen. So hatte ich wahnsinnige Angst, für Felix so schnell niemanden zu erreichen, da er ja auch nicht bei all unseren Freunden geblieben wäre. Unserer aller Nerven waren zum Zerreißen gespannt. Ein paar Tage verbrachten Felix und ich bei meinen Eltern in Karlsruhe. Meine Mutter umsorgte uns und es war einfach herrlich. Der Geburtstermin rückte immer näher und wir hatten alle keine Lust mehr. Ich rief im Krankenhaus an. Der Arzt erinnerte sich sofort an mich und fragte, ob das Baby etwa immer noch nicht da wäre. Er bestellte mich am nächsten Tag zum Wehenbelastungstest. Dann ging alles recht schnell. Am CTG konnte man sehen, dass das Baby die Nabelschnur um den Hals hatte, die Herztöne gingen bei jeder Wehe runter. Der Kaiserschnitt wurde für den nächsten Tag

gleich morgens früh angesetzt. Der Kaiserschnitt, den ich die ganze Zeit gefürchtet hatte, wurde plötzlich zur Erlösung. Ich konnte in aller Ruhe meine Mutter anrufen, die zur Betreuung von Felix für eine Woche kommen wollte, Frank war da, ich brauchte keinen Krankenwagen rufen, alles war plötzlich so einfach. Und das schönste war, morgen würde ich das erste Mal unser Baby anfassen und in den Armen halten können.
Damit ich alles miterleben konnte, hatten Frank und ich uns für eine PDA entschieden. Der nette Chefarzt führte den OP durch und bis auf ein heftiges Rütteln und Schütteln, spürte ich wirklich nichts.

Eine Tochter

Immer noch in dem festen Glauben an einen Sohn, dachte ich mich verhört zu haben, als der Arzt meinte: "Schauen Sie mal Herr Schlu, wie die da drinnen liegt!", Hatte er eben DIE gesagt. Frank strahlte mich an und sagte „Es ist ein Mädchen, ein Mädchen." Ich konnte es nicht glauben und raunte ihn etwas unfreundlich an, er solle die Späße lassen. Aber als sie unsere Tochter zum Säubern forttrugen, konnte ich ihr zwischen die kleinen Beinchen schauen und da hing diesmal wirklich nichts! Ich war so unendlich glücklich! Ich dachte tage-, nein wochenlang: "Ein Mädchen, ein Mädchen, ein Mädchen!"
Und sie war so lieb. Sie trank ohne Probleme, schlief von Anfang an nachts 5 Stunden und war so süß! Felix freute sich richtig über eine kleine Schwester und half mir beim Wickeln, beim Bäuerchen machen und beim Schnuller in den Mund stecken. Die gefürchteten Eifersuchtsdramen blieben aus. Natürlich war er etwas enttäuscht darüber, dass Jana noch so klein war und er noch gar nichts mit ihr spielen konnte. Allerdings freute er sich ebenso über ihr erstes Lachen, wie Frank und ich.

Ein Spaziergang

Frank hatte mit zum Hochzeitstag einen ganz tollen Geschwisterwagen geschenkt. Das war eine super Idee gewesen, weil Felix noch zu klein war, um die langen Strecken, die ich mit dem Wagen zurücklegte, zu laufen. Er thronte vorne in seinem Sitz und Jana lag etwas versteckt unter ihrem Verdeck.
Wir wollten uns gerade mal wieder auf den Weg machen, Felix saß schon vorne drin und Jana hatte ich gerade auf dem Arm, als das Telefon klingelte. Ich legte Jana in den Kinderwagen und sprach kurz am Telefon. Dann öffnete ich die Tür und hoppelte mit dem Wagen die Treppe hinunter. Wir waren schon eine ganze Weile gelaufen, als ich dachte, dass Jana aber heute besonders still war. Sie hätten mein verdutztes Gesicht sehen sollen, als ich in den Wagen schaute und sie nicht drinnen lag. Ich hatte sie in den Stubenwagen zurückgelegt, anstatt schon in den Kinderwagen. Da lag Jana dann auch, strahlend wie immer und sich selbst völlig genug.

Ein Mädchen, ein Mädchen

Jana trank viel zu gierig. Sie pumpte die Brust in 4 Minuten leer und spukte, wenn ich sie nicht rechtzeitig abstöpselte, in hohem Bogen durch Nase und Mund, alles wieder hinaus. Außerdem machte ihre Haut uns Sorgen. Die Falten am Hals waren aufgeplatzt und Knie- und Ellenbogenbeugen waren trocken und spröde. Aber wie immer half die Homöopathie schnell und ohne Nebenwirkungen und bald hatte unsere Tochter eine Marzipanhaut.
Ansonsten war Jana ein Sonnenscheinchen wie Felix, Sie lachte viel und weinte nur, wenn sie Hunger hatte oder müde war.

Der GROßE Bruder

Felix wurde zu dieser Zeit sauber. Er hatte seinen Freund Ramin beobachtet, wie dieser auf die Toilette gegangen war. Seitdem wollte er auch keine Windeln mehr tragen. Da er teilweise unter Durchfall litt, ging hier öfter mal etwas daneben. Mit dem Pipimachen klappte es allerdings sehr gut. Er zog einfach seine Hosen hinunter und pinkelte, wenn wir unterwegs waren, notfalls auch an die Bäume. Denn wenn er musste, musste es anfangs sehr schnell gehen.

Wir waren einkaufen. Ich stand an der Kasse und verstaute alle Einkäufe im Kinderwagen, in dem Jana friedlich schlummerte. Gerade hatte ich meinen Geldbeutel zum Bezahlen herausgeholt, als jemand laut rief: "Wem gehört der kleine Junge mit runtergelassenen Hosen, der gerade den Brillenständer anpinkeln will?" Wie eine Furie schmiss ich meinen Geldbeutel auf das Band, raste zu den Brillen und konnte gerade noch verhindern, dass Felix lospinkelte. Ich schnappte ihn und wir schafften es im letzten Moment, unter den amüsierten Blicken des ganzen Supermarktes, hinaus an den großen Baum. Hier pullerte er sofort los.

Ein anderes Mal, wir waren in Karlsruhe auf einem Weinfest und saßen mit Eltern und Schwiegereltern im Festzelt, zog Felix plötzlich die Hose herunter und pinkelte im hohen Bogen auf ein leeres Tablett, das eine Bedienung gerade auf einer Bierbank abgestellt hatte. Wie schön, dass alle Anwesenden darüber lachten.

Felix sollte von Anfang an lernen, auf der Toilette nur im Sitzen zu pinkeln. Aber irgendetwas klappte nicht, denn seine Hosen waren ständig nass. Er versicherte mir rechtzeitig gegangen zu sein, woher kamen aber die nassen Hosen? Es dauerte eine Weile, bis ich bemerkte, dass sein Penis noch so kurz war, dass er unter der Klobrille hindurch pinkelte.

Selbstgespräche

Als Jana 5 Monate alt war, konnte sie stundenlang total laut Brabbeln. Sie gurrte und plapperte, sie quiekte und summte, sie brummte und quakte. Anfangs fanden wir es noch sehr süß, aber mit der Zeit konnte es einem auch schwer auf die Nerven gehen. Zum Telefonieren musste man in einen anderen Raum, weil man sein eigenes Wort kaum verstehen konnte. Auch Felix nervte es manchmal und er schimpfte dann ganz erwachsen mit ihr.

Oh du fröhlich Weihnachtszeit

Als ich noch keine kleinen Kinder hatte, war die Vorweihnachtszeit eine schöne Jahreszeit. Es störte mich nicht, dass es abends früh dunkel wurde und das Wetter draußen schlecht war. Ich saß gemütlich in der warmen Wohnung, las, oder schaute Fern und trank Tee. Damit ist es, wenn man Kinder hat, vorbei. Einmal machte ich den Fernseher an. Da flog gerade ein kleines Motorflugzeug über den Bildschirm. Felix schaute ganz begeistert zu, aber plötzlich stürzte das Flugzeug ab und ging in Flammen auf. Felix fing an zu weinen und tagelang musste ich ihm erklären, warum das Flugzeug abgestürzt war. Mit dem Lesen schadete ich zwar nicht den Kindern, aber nachdem ich den gleichen Satz zum vierten Mal gelesen hatte, gab ich es irgendwann auf. Theoretisch könnte man abends lesen, wenn die Kinder im Bett sind. Aber meistens musste ich dann noch Wäsche waschen, aufhängen oder die Küche nach dem Abendessenchaos aufräumen. Außerdem war ich meistens so müde, dass ich zeitig ins Bett gegangen bin. Das Stillen zehrte eben doch sehr.

Teetrinken kann man natürlich auch mit den Kindern, aber eine richtig gemütliche Stimmung will dabei nicht aufkommen. Erstens muss man ständig

Angst haben, dass sich die Kinder am Tee verbrühen und zweitens verhindern die Streiterei um jedes Plätzchen, die Krümelei und die Schokofinger doch sehr die Gemütlichkeit.
Außerdem war Felix in diesem ersten Winter mit Jana ständig krank. Er hatte Husten und Ohrenschmerzen, weinte nachts und kam regelmäßig zu uns ins Bett. Dort kuschelte er sich so nah an mich, dass er mich einmal sogar hinaus warf. Das schlechte Wetter verhinderte auch, dass die Kinder sich an der frischen Luft austoben konnten und abends richtig müde waren. Ich war völlig entnervt. Kurzerhand buchten wir einen Urlaub für eine Woche nach Gran Canaria. Ich habe den Himmel noch nie als so blau, die Blumen als so schön und duftend erlebt, wie an diesem Tag, als wir aus dem Flugzeug stiegen und in unser Appartement gebracht wurden. Wir gingen stundenlang spazieren und genossen die Wärme und den Wind.

Gummibärchenhunger

Da wir uns zu diesem Zeitpunkt keine komplett neue Küche leisten konnten, kauften wir nur einen einzelnen hohen Apothekerschrank. Dieser stand auf Füßen und wurde mit langen Schrauben und Dübeln in der Wand verankert. In den oberen Fächern bewahrte ich die Gummibärchen aus dem Bioladen für Felix auf. Da ich seine Kletterkünste kannte, war der Schrank eigentlich immer zu.
Ich war in der Küche am Aufräumen, Jana stand in ihrer Wippe auf dem Boden, zwischen Apothekerschrank und Eckbank, da klingelte das Telefon. Wie einer Eingebung folgend, schnappte ich mir Jana in ihrer Wippe und nahm sie mit zum Telefonieren ins Wohnzimmer. Dummerweise hatte ich vergessen, den Apothekerschrank zuzuschieben. Felix nutzte diese Gelegenheit sofort und versuchte in den ausgezogenen Gitterkörben nach

oben zu den Gummibärchen zu klettern. Plötzlich, als ich den Hörer gerade aufgelegt hatte, gab es einen unvorstellbaren Lärm. Die Füße des Schranks knickten ab, die Schrauben rissen samt Dübeln aus der Wand und der ganze 2m hohe Schrank kippte mit dem kreischenden Felix um. Zum Glück schlug der Schrank auf der Eckbank auf, so dass er sich nicht ganz zuschieben konnte. Felix brüllte wie am Spieß. Alle Lebensmittel, alle Einmachgläser mit Reis, Nudeln und Mehl flogen im Regal nach vorne. Jana fiel mit ein und mir blieb fast das Herz stehen. Felix hatte sich zum Glück nur etwas die Finger geklemmt, aber Minuten vorher, war Jana noch genau an dieser Stelle mit ihrer Wippe gestanden, wo nun der umgekippte Apothekerschrank lag. Ich zitterte am ganzen Körper, ließ den Schrank Schrank sein, schnappte mir meine beiden Kinder, schloss sie in die Arme hockte mich mit ihnen aufs Sofa und konnte nur noch heulen. Als ich mich etwas beruhigt hatte, Felix geklemmte Finger mit Salbe eingeschmiert und Jana mit ihrem Schnuller in ihre Wippe zurückgesetzt hatte, rief ich Frank in der Bank an. Bei dem Versuch ihm zu erklären, was passiert war, heulte ich völlig hysterisch los. Bisher hatte Frank mich so aufgelöst nur einmal erlebt. Damals war unsere Katze Pauline, als ganz kleines Katzenbaby, fast im Klo ertrunken, weil ich vergessen hatte den Klodeckel herunterzuklappen. Klatschnass und halb ohnmächtig hatte ich sie damals aus der Kloschüssel gefischt.

Ich versuchte Frank zu erzählen, was passiert war. Da er nicht viel verstand, außer dass beide Kinder wohl in Ordnung seien, ich aber ziemlich unter Schock stand, kam er so schnell er konnte, zu uns nach Hause. Ich war so erleichtert, als er da war und beruhigte mich langsam wieder. Felix, der dachte ich weinte, weil er so viel kaputt gemacht hatte, war auch völlig durcheinander. Frank erklärte ihm, dass die Mama nicht weinte, weil sie böse sei, sondern weil sie Angst gehabt hätte, dass er oder Jana sich sehr hätten verletzen können. Was für ein schrecklicher Tag!

Jana erobert die Welt

Mit sieben Monaten lernte Jana, sich vom Rücken auf den Bauch zu drehen. So konnte sie viel besser sehen, wie Felix mit seiner Eisenbahn spielte, oder extra für sie Quatsch machte. Solange sie sich nicht von der Stelle bewegte, war Felix Welt noch in Ordnung. Er war mittlerweile zweieinhalb und baute stundenlang mit seiner Eisenbahn. Den ersten richtigen Streit hatten unsere beiden Kinder, als Jana anfing zu robben. Sie hatte ein Brekki von der Katze entdeckt, das, als sie es mühsam erreicht hatte, stolz in ihren Mund wanderte. Seit diesem Augenblick, war nichts mehr vor ihr sicher. Sie robbte durch die ganze Wohnung und machte auch vor Felix Eisenbahnschienen nicht Halt. Felix erklärte es ihr anfangs sehr pädagogisch. Er sagte, dass diese Eisenbahn ihm gehören würde. Dass er sie von seinem Opa Gerd bekommen hätte. Dass er sie mit dem Papa aufgebaut hätte und es nicht nett wäre, wenn Jana sie kaputt machen würde. Jana hörte ihm sehr interessiert zu, robbte dann allerdings weiter und machte, bei dem Versuch die batteriebetriebene Lok von Onkel Stefan zu erhaschen, alles kaputt. Felix ließ noch nicht locker. Er versuchte es weiter freundlich, aber irgendwann riss auch ihm der Geduldsfaden und Jana bekam eine Schiene „übergebraten“.

Auch Mamas werden krank

Ich hatte mir einen lästigen Husten eingefangen, der sich dann zu einer Lungenentzündung mit anschließender Rippenfellentzündung ausweitete. Mit hohem Fieber und den Kindern im Schlepptau fuhr ich zu einer Lungenärztin. Diese hatte ich mir aus dem Telefonbuch herausgesucht. Ich hatte die Hoffnung, dass sie als Frau, mehr als ein männlicher Kollege, Verständnis für meinen gesundheitlichen Zustand haben würde und besser nachvollziehen könnte, dass ich mich so krank nicht um die Kinder kümmern kann. Ich hoffte, dass sie mir deshalb eine Haushaltshilfe aufschreiben würde. Zuerst warteten wir eine Stunde im Wartezimmer. Die Kinder, beide müde und auch nicht ganz fitt, waren schon ständig am Nörgeln. Dann kamen wir endlich dran. Im Sprechzimmer befand sich, genau auf Felix Augenhöhe, ein Fensterbrett mit Kristallglastierchen. Während ich mich mit der Ärztin unterhielt, war ich ständig dabei, Felix davon abzuhalten, diese Tiere anzufassen. Irgendwann wendete er sich dann endlich dem Schreibtisch der Ärztin zu. Sie war bereits völlig entnervt, mir ging es nicht anders. Felix weinte, weil Jana auf meinem Schoß sitzen durfte und er nicht. Dann wollte mich die Ärztin abhören. Ich machte mich oben frei. Da ich Jana wegen des Antibiotikums, das ich einnehmen musste, gerade abgestillt hatte, fing sie wie verrückt an zu rufen „Busa, Busa.“ Was soviel bedeutete wie: “Ich will an die Brust!“ Die Ärztin fragte, ob ich sie nicht draußen anbinden könnte (Ob sie wohl einen Hund hat?), was ich allerdings nicht konnte. Ich war fix und fertig, hatte hohes Fieber und gehörte eigentlich ins Bett. Das bestätigte mir dann auch die Ärztin. Als ich sie nach der Haushaltshilfe fragte, sah sie mich ganz erstaunt an: „Arbeiten sie denn?“ wollte sie doch nach all dem Kinderchaos tatsächlich noch wissen. Nachdem ich verneinte, weigerte sie sich, mir eine Haushaltshilfe aufzuschreiben.

Zuerst sprang ganz lieb meine Mutter ein und päppelte mich wieder etwas auf. Meine Hausärztin verschrieb mir dann letztendlich die absolut notwendige Hilfe.

Felix gute Ideen hören nicht auf

Felix hatte von Ikea eine wunderschöne Sternenlampe bekommen. Diese wurde nicht heiß, die Glühbirne war in der Lampe mit einem Drehmechanismus versteckt und so glaubte ich, dass sie für Felix als Nachttischlampe geeignet wäre. Allerdings wollte Felix sehen, woher das Licht kam. Er schraubte so lange an der Lampe herum, bis sie offen war. Die Glühbirne überlebte es nicht lange. Sein Schutzengel hatte mal wieder alle Hände voll zu tun.

Felix, mein kleiner Teufel

Zu dieser Zeit fanden es Felix und Jana ganz toll, wenn ich ihnen Kasperletheater vorgespielt habe. Felix hatte ab August einen Kindergartenplatz. Er wollte aber viel lieber zu Hause bei der Mama bleiben. Deshalb spielte ich ihnen oft ein Stück vor, in dem die Prinzessin in den Kindergarten kommt und es ganz toll findet. Felix antwortete der Prinzessin auf die Frage, ob er denn auch bald in den Kindergarten kommen würde, ganz altklug: "Weißt du Prinzessin, ich habe zwar einen Platz, aber zu Hause ist es doch viel schöner. Außerdem muss sich ja jemand um die Mama und die Jana kümmern, damit sie keine Dummheiten machen. Deshalb muss ich zu Hause bleiben, denn der Papa muss ja arbeiten."
In meinen Theaterstücken kam auch hin und wieder der Teufel vor. Er faszinierte Felix ganz besonders. Als ich ihn vor Fasching fragte, als was er sich denn verkleiden wolle, war seine spontane Antwort: „Als Teufel". Das erzählte er jedem, der es wissen wollte. Eines Nachts wachte er weinend auf und rief herzzerreißend nach mir. Ich stand im Halbschlaf an seinem Bett und fragte ihn, ob er schlecht geträumt hätte. Das einzige, was er sagen konnte

war: “Ich will nicht Teufel werden, ich will Kasperle werden.“ Dann schlief er sofort wieder ein. Ich nähte ihm eine rote Zipfelmütze mit Glöckchen dran und er war der süßeste Kasper, den man sich vorstellen kann.

Platzwunde die Erste

Schon wieder hatten wir einen chaotischen Tag hinter uns. Alles fing damit an, dass Jana dringend einen Kindersitz fürs Auto brauchte, da ihr Maxicosi langsam zu eng für sie wurde. Wir fuhren also mit dem Auto herum und klapperten alle Läden ab, bei denen ich mir vorstellen konnte, einen Kindersitz zu bekommen. Auf eine Anzeige hin, fuhren wir zu einem mir unbekannten Geschäft auf der Mainzer Landstraße. Wer sich in Frankfurt auskennt, weiß, wie unendlich lang diese Straße ist. Zu der Zeit hatten wir etwas Probleme mit unserem alten Auto. Es fing mal wieder an, heiß zu laufen und ich musste es zum Abkühlen stehen lassen. Es waren zwar noch einige Hausnummern, bis zu dem gesuchten Geschäft. Allerdings hatte ich den Buggy im Kofferraum und dachte mir, dass wir einen kleinen Spaziergang machen und das Auto in Ruhe abkühlen lassen. Ich schnappte mir also meine beiden Kinder und lief los. Der Himmel wurde plötzlich kohlrabenschwarz und der Weg zog sich ewig hin. Da in dieser Straße die Straßenbahn fährt, kam ich auf die Idee, meinem Sohn eine Freude zu machen und eine Station zu fahren. Im Gegensatz zu vorher, wo jedes Haus mit einer eigenen Hausnummer ein riesiger Häuserblock war, standen nun die Häuser in Reihen quer zur Straße, so dass wir nach wenigen Sekunden an dem Geschäft vorbei gefahren waren. Nun konnten wir also den ganzen Weg wieder zurück laufen. Außerdem fing es, genau in dem Moment, als wir aus der Bahn ausstiegen, ganz schrecklich an zu schütten.

Klatschnass kamen wir in dem Geschäft an. Wenn sich dieser Aufwand wenigstens gelohnt hätte und wir einen guten Kindersitz gefunden hätten. Aber leider war nichts dabei, was mich wirklich überzeugte.
Total durchnässt liefen wir zu unserem Auto zurück und fuhren nach Hause. Nachdem ich Felix und mich umgezogen und Jana fürs Bett ausgezogen und hingelegt hatte, ließ ich mich völlig erschöpft in einen Sessel fallen und stellte einen Fuß auf die Kante des Sofatisches. Felix warf sich voller Übermut auf mein Schienenbein. Ich konnte das Gewicht nicht halten, rutschte mit dem Fuß ab und Felix krachte auf den Boden. Dabei biss er sich seine zwei kleinen Schneidezähne in die Unterlippe. Das Blut sprudelte nur so heraus. Nach einem Kügelchen Arnica hörte es auf zu bluten, was ich sah, gefiel mir aber gar nicht. Er hatte sich unterhalb der Lippe das Kinn durchgebissen. In diesem Augenblick kam zum Glück Frank nach Hause. Er blieb mit Jana daheim, während ich mit Felix nach Höchst ins Krankenhaus zum Nähen fuhr.
Das war genau das, was ich mir nach einem so turbulenten Tag gerade noch gewünscht hatte!

Zeit für Kinder

An unserem kleinen Reihenhaus gab es immer viel zu tun. So pflasterten wir im hinteren Teil des Gartens einen großen Abstellplatz für einen Gartenschuppen. Außerdem vergrößerten wir, mit Hilfe meiner Schwiegereltern, die Terrasse. Wir überbauten die alte mit Holz und zogen sie ein großes Stück heraus. Das war alles sehr viel Arbeit und die Kinder kamen oft zu kurz. Das bemerkte man vor allem an Felix. Er war sehr schnell am Weinen und stritt sich oft heftig mit seiner besten Freundin Lina-Sophie. So drohte er ihr einmal: “Ich werfe dich aus dem Fenster und dann bist du tot." Alles gehörte ihm, nichts wollte er von seinen Spielsachen abgeben oder etwas teilen. Es war eine harte Zeit für uns alle. Es besserte sich eigentlich erst durch den Urlaub mit meinen Schwiegereltern auf Rhodos. Hier nahmen wir uns viel Zeit für unsere Kinder, gingen spazieren, plantschten im Pool, spielten mit Felix Karten und erholten uns von dem ganzen Trubel der letzten Monate.

5. Kapitel

Felix viertes und Janas zweites Lebensjahr

Von wachen und schlafenden Schutzengeln

In den Himmel fliegen

Felix fing an, die Dinge zu hinterfragen. Was ist wenn ich tot bin? Wartet deine (tote) Oma im Himmel auf uns? Hauptsächlich wurde dieses Thema durch die vielen Tiere, die Felix in unserem Garten fing, ausgelöst. So fand er beim Graben drei Regenwürmer. Er erklärte mir, dass dieser kurze dicke der Papa wäre. Der andere dicke wäre ich und dann stutzte er. Es war nur noch ein langer, aber sehr dünner Wurm übrig. Er überlegte, ob es sich hierbei um Jana oder um ihn selbst handelte. Plötzlich ging ein Leuchten über sein Gesicht, er zeriss den Wurm in zwei Stücke. Das kürzere Teil war Jana, das längere natürlich er.

Auch sonst ging er nicht gerade zimperlich mit den Tieren um. So wurden Ameisen häufig „totgemacht". Bei meinen Versuchen ihm zu erklären, was tot bedeutet, kam auch ich an meine Grenzen. Einige Tage später fuhren wir mit seiner Freundin Lina-Sophie an der langen Mauer des Hauptfriedhofs vorbei. Als ich sagte, dass das der Ort wäre, an dem die Menschen begraben werden, die tot sind, konnte Felix schon etwas damit anfangen. Lina-Sophie wusste nicht, was tot bedeutet. Felix erklärte es ihr ganz fachmännisch: „Das sind die Leute, die nicht mehr tanzen und nicht mehr singen können. Laufen und essen können sie auch nicht mehr. Sie fliegen ohne Flugzeug in den Himmel und bleiben für immer da oben." Lina-Sophie muss diese Erklärung tief beeindruckt haben. Auf jeden Fall hat sie ihrer Mutter nicht viel von dem Besuch im Park und auf dem Spielplatz erzählt, sondern hauptsächlich von den armen Leuten, die hinter der Mauer wohnen. Sehr verwundert rief Claudia mich abends an.

Der Versuch, die Welt verbal zu begreifen, zeigte sich auch in Felix Wortschöpfungen. Wenn ihm die nötigen Worte fehlten, erfand er eben welche, z.B. Die Luftballons sind alle totgeknallt! Oder: Der Hund hat gewaut. Oder: Ich muss die ganze Zeit schluckaufen."

Janas Schutzengel schläft

Jana war wirklich ein Engel. Immer freundlich, keinen Blödsinn im Kopf wie Felix, ich konnte alle Pflanzen stehen lassen, der Mülleimer interessierte sie nicht, sie musste nicht überall hochklettern und wenn man ihr etwas verboten hat, hielt sie sich mehr oder weniger daran. Was für eine Erholung!
Allerdings hatte sie großes Interesse an unserer Treppe. Deshalb war das Törchen auch immer zu.
Wir wollten zum Geburtstag von Oma Marion nach Karlsruhe fahren. Es ist unglaublich, was man mit Kindern alles einpacken muss. Ich weiß nicht mehr, wie oft ich über das Tor geklettert bin, aber irgendwann war es mir einfach zu anstrengend mit dem ganzen Gepäck auf dem Arm. Ich öffnete es, denn Jana und Felix spielten lieb im Wohnzimmer. Ich war kurz in der Küche, als ich ein komisches Gefühl hatte. Ich ging in den Flur und sah Jana noch fallen. Nicht hoch, 3 Stufen vielleicht. Aber sie fiel ungeschickt in das Gitter des Törchens und weinte jämmerlich.
Am nächsten Tag fuhren wir ins Krankenhaus zum Röntgen. Und tatsächlich der Arm war gebrochen und musste sogar eingerenkt werden. Jana bekam einen Gips. Dieser störte sie aber überhaupt nicht beim Krabbeln. Vor allem wusste ich immer, wo sie war, denn das Klopfen des Gipses auf dem Boden war unüberhörbar. Da hatte sich die kleine Maus mal aufgerafft etwas zu erklimmen und war so böse gefallen. Schon ungerecht!

Bilderbuchbetrachtung

Als Felix vier Jahre alt wurde, stellte ich fest, dass es sehr wenige kreative Angebote für dieses Alter gab. Ich entwickelte also ein Konzept, mietete mir einen Raum bei der Kirche und bot für Kinder ab vier Jahren die „Kreative Bilderbuchbetrachtung“ an. Dafür lieh ich in der Bücherei Bilderbücher zu bestimmten Themen aus, las diese im Stuhlkreis vor und sprach mit den Kindern über eigene Erfahrungen. Wir machten auch Kreisspiele, sangen und tanzten dazu und übten kleine Theaterstücke ein, die wir den Eltern vorführten. Zu jedem Thema bastelten, bauten oder malten wir etwas. Die Kinder kamen sehr gerne und bald hatte ich so viele Kinder, dass ich zwei Gruppen anbieten konnte. Das Problem war nur Jana, die mit ihren zwei Jahren eigentlich noch zu klein für die angebotenen Aktivitäten war. Einmal, es ging um das Thema Haustiere, sollten die Kinder mit Wasserfarben eine Katze malen. Jana saß mit am großen Basteltisch, hatte einen eigenen Wasserfarbkasten und „malte“ lieb vor sich hin. Ich half den anderen Kindern, erklärte, wie viel Wasser man benötigte, wir besprachen die Körperform einer Katze und alle waren eifrig dabei, als ich einen Blick auf Jana warf. Sie hatte sich beide Hände und Arme komplett schwarz angemalt. Auch im Gesicht hatte sie schwarze Farbe. Als ich mit ihr schimpfte, lachte sie mich an und repräsentierte mir stolz ihre Zunge, die auch komplett schwarz war. Es dauerte eine ganze Weile, bis ich sie wieder sauber hatte. Ab diesem Zeitpunkt nahm Angela, eine Freundin, die mir ihren großen Sohn zum Basteln brachte, Jana für die zwei Stunden mit zu sich nach Hause. Als Jana dann endlich vier Jahre alt wurde, war sie stolz wie Oskar, endlich auch zur Bilderbuchbetrachtung mitkommen zu dürfen.

Janas Freundin

Janas beste Freundin war die gleichaltrige Carolin. Wenn es an der Türe klingelte, rannte sie sofort los und rief: "Warolin pommt " Da sie beide etwa gleich starke Persönlichkeiten waren, konnten sie phantastisch miteinander spielen. Beide waren so richtige Mädchen. Sie liebten es, ihre Puppen zu tragen, auszuziehen und im Puppenbuggy spazieren zu fahren. Selten machten sie Blödsinn. Das einzige, woran ich mich erinnere, war das sie gemeinsam ein Bilderbuch der Bücherei zerrissen haben, um sich die Seiten gerecht aufzuteilen.

Das neue Fahrrad

Felix hatte von seinem Opa Gerd ein neues Fahrrad zu Ostern und dem kommenden Geburtstag geschenkt bekommen. Da dieses Jahr an Ostern im Garten Schnee lag, hatte der Osterhase seine Geschenke im Kinderzimmer versteckt. So auch das Fahrrad. Felix überlegte noch tagelang, wie der Osterhase es geschafft hatte, dass Fahrrad die steile Treppe hoch zu tragen.
Das Fahrradfahren ohne Stützräder erwies sich als gar nicht so schwierig, wie vermutet. Es dauerte zwar eine gewisse Zeit, aber Felix war auch noch nicht ganz vier Jahre.
An unserem Garten führt ein Fußweg vorbei. Bei uns heißt er nur Hundekackweg. Ich frage mich regelmäßig, ob Hundebesitze keine Kinder haben?! Als das mit dem Radfahren gut alleine klappte, durfte Felix morgens immer mit dem Fahrrad in den Kindergarten fahren. Die Strecke ging auf dem besagten Weg entlang. Sie vermuten es wahrscheinlich schon: Felix wankte und schwankte. Ich sah es kommen und dachte nur noch: „Oh nein!!!", aber da war es schon zu spät. Felix war im hohen Bogen in den dicksten (Bobteil?)

Hundehaufen gestürzt. Er weinte jämmerlich und stank erbärmlich. Er war von oben bis unten vollgeschmiert. Nicht nur der Anorak, sondern auch seine Hose und die Schuhe waren voll mit Hundekot. Das Wort „Bremsspur“ hat seit dem eine andere Bedeutung für mich.

Alltag

Felix lief mal wieder zur Höchstform auf. Er tat ständig Dinge, die wir ihm verboten hatten. So holte er sich heimlich Schokolade, malte überall die Tapeten an, hatte Franks Rasierwasser auf dem Teppich ausgeleert (es hat tagelang super bei uns geduftet), er malte mit Schminkstiften und Lippenstift die Heizkörper an...
Einmal, ich kam vom Garten rein, Jana schlief lieb, hatte Felix sich eine volle Rolle Klopapier geschnappt. Den Anfang hatte er unter ein Stuhlbein geklemmt und die komplette Klopapierrolle abgewickelt. Sie reichte kreuz und quer durch den ersten Stock bis über die Treppe in den zweiten Stock. Auch dort hatte er sie um Tischbeine, Stuhlbeine und sonstige Möbel gewickelt, bis die ganze Rolle leer war. Wahnsinn, wie lang so eine Klopapierbahn ist!

Jana begann richtig viel zu „sprechen“. Ihr allerliebstes Lieblingswort war „Jutta“. Wenn sie etwas haben wollte, schrie sie es, dass es manchmal sehr an meinen Nerven zerrte. Dass sie mich beim Vornamen nannte, hatte sie von Felix. Ihm war es nicht abzugewöhnen. Leider!
Felix ging dann doch richtig gerne in den Kindergarten. Er hatte viele Freunde gefunden und die Erzieherinnen waren sehr zufrieden mit seiner Entwicklung. Da lachte natürlich das Mutterherz!

Neue Möbel

Langsam gaben unsere alten Möbel aus Studentenzeiten ihren Geist auf. Es musste dringen ein neuer Schrank her. Also schnappte ich mir Felix und Jana und fuhr mit ihnen zu einem großen Möbelhaus. Ich kann mich nicht daran erinnern, ob es damals noch keine Mutter- und- Kind –Parkplätze gegeben hat, oder ob alle belegt waren. Ich musste unser Auto aber relativ weit weg vom Haupteingang parken. Gut gelaunt besorgten wir einen Einkaufswagen, Jana saß im Kindersitz, Felix durfte sich vorne auf die offene Ladefläche setzen. Zuerst mussten wir die Treppe hoch, was mit dem Einkaufswagen nicht ging. Wir suchten den Fahrstuhl und fuhren hoch zu der Ausstellungsfläche. Jana und Felix waren zufrieden damit, durch die Gänge geschoben zu werden. Dies war mir sehr recht, weil es relativ voll war. Nach einer Weile kamen wir zu den Kindersachen. Für Felix gab es nun kein Halten mehr. Alles musste ausprobiert und untersucht werden. Jana saß im Wagen und beobachtete die Kinder und ich stöberte herum. Ich fand einige Dinge, von denen ich gar nicht gewusst hatte, dass ich sie dringen benötigte. Plötzlich war Felix weg. Nach einer ganzen Weile Suchen, entdeckte ich ihn endlich. Er hatte sich mit andern Kindern angefreundet und ganz harmlos in einem Spielhäuschen versteckt. Sie spielten mit dem ausgestellten Puppengeschirr Vater Mutter Kind. Bei der ganzen Sucherei war ich ganz schön ins Schwitzen gekommen. Auch den Kindern war es warm geworden und wir stapelten alle Jacken neben Jana auf dem Einkaufswagen. Da der Einkaufswagen immer voller wurde, war der Platz für Felix zu knapp und er musste nun neben dem Wagen herlaufen. Anfangs fand er das noch recht lustig, irgendwann aber begann er zu nölen. Den gesuchten Schrank hatten wir immer noch nicht gefunden. Den gab es erst im Mitnahmemarkt unten bei den Kassen. Neben dem Fahrstuhl verlief parallel zur Treppe eine lange Rutsche, die Felix unbedingt ausprobieren wollte. Da er meine Hilfe aber oben beim Einsteigen benötigte, andererseits aber auch unten beim Ausstieg,

rannte ich, mit Jana auf dem Arm, neben ihm die Treppe runter und wieder rauf. Nach dreimal rutschen, war ich völlig fertig und wollte weitergehen, um endlich den Schrank zu holen, wegen dem wir hier waren. Nun wollte aber auch Jana die Rutsche ausprobieren und heulte. Felix fand dreimal rutschen viel zu wenig und protestierte auch. Also einigten wir uns auf einmal gemeinsames Rutschen. Da Felix nun Jana festhielt, hatte er die Hände nicht frei, um an den Seiten zu bremsen. Sie sausten wir der Blitz die steile Rutsche hinunter und taten sich am Ende der Rutsche beide weh. Als Jana dann zurück in ihren Sitz durfte, Felix aber weiterlaufen musste, ließ er sich nicht beruhigen.
Nach vielen Tränen, hatten wir dann das Regal gefunden, in dem die Einzelteile für den neuen Schrank gelagert wurden. Ich räumte mit Felix Hilfe alle Kleinteile, die auf dem Wagen lagen beiseite und hievte die schweren, verpackten Bauteile des Schranks auf den Wagen. Da wir zu Hause Stauraum benötigten, sollte der neue Schrank bis unter die Decke gehen. Dementsprechend lang waren die Kartons. Zum Schluss, als wir alle Teile aufgeladen hatten, räumten wir den Kleinkram wieder oben drauf. Nun mussten wir „nur noch“ bezahlen. Es dauerte ewig! Die Kinder, beide müde, meckerten ohne Unterbrechung. Ich versuchte sie mit Leckereien, die wir im Auto vergessen hatten, zu bestechen. Endlich, nach dem wir bezahlt hatten, konnten wir unsere Jacken wieder anziehen und den Rückweg zum Auto antreten.
Es war die Hölle! Abgesehen davon, dass Felix den Wagen nicht loslassen wollte und ich aufpassen musste, ihm nicht über die Füße zu fahren, war der Parkplatz abschüssig. Der völlig überladene Einkaufswagen rollte ständig zur Seite weg. Es kostete mich so viele Nerven und Kraft, ihn zu unserem Auto zu manövrieren, dass ich völlig fertig war, als wir dort ankamen. Die Kinder hatten sich etwas beruhigt. Gleich sollte es ja die versprochenen Gummibärchen aus dem Auto geben. Ich wollte das Auto aufschließen und bemerkte, dass ich den Schlüssel irgendwo im Einkaufsmarkt verloren haben

musste. Ich hatte ihn unbedacht in die Manteltasche gesteckt. Wahrscheinlich war er mir aus der Tasche gefallen, als ich die Jacken auf den Wagen gelegt hatte. Ich war den Tränen nahe. Ich befürchtete, dass er unter irgendein Regal gerutscht sein könnte, wo ich ihn nie wieder finden würde. Jana und Felix, die bemerkten, dass nun erst mal nichts aus den versprochenen Gummibärchen werden würde, begannen wieder zu heulen. Am liebsten hätte ich mich auf den Boden gesetzt und mitgeheult. Es blieb mir aber nichts anderes übrig, als mit dem vollgepackten Wagen und beiden Kindern zurück zum Eingang zu laufen. Ich traute mich weder die Kinder, noch den Wagen unbeaufsichtigt am Auto stehen zu lassen. Wir gingen direkt zum Informationsschalter und fragten die Mitarbeiterin nach einem abgegebenen Schlüssel und tatsächlich: Juchhu, jemand hatte meinen Schlüsselbund gefunden und genau dort abgegeben. Ich freute mich wie eine Irre. Die Dame hinter dem Schalter schaute mich an, als ob sie an meinem Verstand zweifeln würde. Fast hätte ich sie aus lauter Dankbarkeit umarmt. Ich war so erleichtert, der Rückweg zum Auto erschien mir gar nicht mehr so schlimm. Allerdings hatte ich ja auch schon Übung. Als wir endlich zu Hause waren, war ich fix und fertig. Ich fühlte mich, als ob ich eine Weltreise gemacht hätte. Dabei war ich doch „nur“ gemütlich mit den Kindern einkaufen gewesen.

Hilfe Mama, rette mich!

Ich war im Badezimmer, Jana machte Mittagsschlaf und Felix spielte lieb in seinem Zimmer. Er hatte von meinen Eltern zwölf 60cm x 60cm große Schaumstoffmatratzen geschenkt bekommen. Diese stammten aus einem aufgelösten Jugendraum. Meine Mutter hatte die Bezüge abgemacht, gewaschen und sie dann wieder aufgezogen. Felix liebte diese Kissen! Regelmäßig bauten wir daraus Höhlen, Tunnel, Wohnungen oder benutzen sie durcheinander geworfen als Kletterberge. An diesem Tag hatte Felix eine neue Idee gehabt. Er hatte sie anscheinend aufeinander gestapelt, so dass er gerade so an die obere Kante seines neuen 2,20cm hohen Kleiderschranks heranreichte. Bei dem Versuch auf den Schrank zu klettern, hatte er sich an dem Matratzenturm abgestoßen. Dieser war umgefallen und Felix hing ganz oben am Kleiderschrank und rief: „Hilfe Mama, rette mich!“. Als ich zu ihm ins Zimmer stürzte, musste ich allerdings lachen. Es sah so witzig aus, wie dieser kleine Kerl so weit oben an dem Schrank baumelte und weder hoch noch runter kam. Dann rettete ich ihn natürlich und half ihm hinunter.

Eine lebendige Beerdigung

Als Jana eineinhalb war, sprach sie schon richtige Zweiwortsätze. Felix übte immer ganz süß mit ihr. Seit neustem sang sie: „ABC Katze Schnee.“ Als wir auf der Beerdigung von Franks Oma in Karlsruhe waren, waren unsere Kinder sehr “lebendig“. Opa Gerd, der unsere Kinder zu jedem Besuch mit kleinen Geschenken überraschte, hatte Felix ein neues Auto mitgebracht. Felix saß in der Kirche auf der Erde und ließ mit lautem Gebrumm das Auto während der Trauerfeier um die Stuhlbeine sausen. Jana war ganz begeistert von dem Hall in der Kapelle und sang lautstark „ABC Katze Schnee“. Bis meine Mutter beide nahm und mit ihnen hinausging.

Einkaufen mit Kindern

Ich bin ja wirklich mit Leib und Seele Mutter und ich habe in all den turbulenten und oft stressigen Zeiten noch keine Sekunde bereut, Kinder in die Welt gesetzt zu haben, aber manchmal so kinderfrei einkaufen zu können, wäre nicht schlecht.

Wir waren auf eine Hochzeit eingeladen und ich brauchte etwas Passendes zum Anziehen. Also schnappte ich mir Felix und Jana und fuhr mit ihnen in die Stadt. Wir waren noch keine fünf Minuten in dem Laden, da war Felix verschwunden. Kinderräuber und solche Horrorgeschichten sausten mir durch den Kopf. Die Rolltreppe war nicht weit, vielleicht war er gar nicht mehr auf diesem Stockwerk? Panik! Ich rief und sauste durch die Gänge. Das Problematische ist ja auch, dass die Kinder kleiner als die Kleiderständer sind. Das heißt man sieht sie auch schlecht, selbst wenn sie völlig harmlos umherspazieren. Aber Felix war weg. Ich rief und plötzlich wurde eine Frau auf mich aufmerksam. Sie meinte, wenn ich einen kleinen Jungen suchen würde, der hätte sich da unter dem Jackenständer versteckt. Ich hätte ihm den Hals umdrehen können. Allerdings war ich so froh, ihn wieder zu haben, dass ich ihn erst mal ganz fest drückte. Kurz darauf, Jana saß im Kinderwagen, hörte ich einen lauten Rumms und dann jämmerliches Weinen. Jana hatte sich zu weit aus dem Wagen gelehnt, um an etwas heran zu kommen und war kopfüber aus dem Kinderwagen auf den Steinfußboden gekippt. Sie hatte ein ordentliches Horn auf der Stirn. Schnell beruhigte sie sich aber wieder.

Endlich hatte ich mich für einige Teile entschieden und schob Jana zur Umkleide. Felix hüpfte vergnügt hinter mir her. Ständig öffnete er die hölzerne Schwingtür, so dass alle vorbei schlendernden Männer einen Blick auf mich oben ohne und in Unterhosen werfen konnten. Als Felix allerdings die Türe zufallen ließ, war es mir auch nicht recht. Ich hatte mich gerade gebückt, um eine Hose anzuziehen, da donnerte mir die Schwingtür dermaßen gegen den

Schädel, dass ich Sternchen sah und mich erst mal hinsetzen musste. Mir brummte so der Kopf, dass ich alles stehen und liegen ließ, mich wieder anzog und nach Hause fuhr, um mich hinzulegen. Wie Sie richtig vermuten, trug ich an der Hochzeit nichts Neues.

Freundschaft

Felix und seine Freundin Lina-Sophie waren ein Herz und eine Seele. Da ihre Mutter Claudia und ich uns auch sehr gut verstanden, verbrachten wir sehr viel Zeit miteinander. Die Kinder spielten oben im Kinderzimmer und wir konnten in trügerischer Ruhe einen Tee trinken.
Felix war für das Gitterbett zu groß geworden und hatte ein richtig großes Hochbett bekommen. Die Matratze lag noch, in Folie eingeschweißt, auf dem Fußboden. Als die Kinder so verdächtig leise waren, ging Claudia vorsichtshalber mal nachsehen, was die lieben Kleinen so trieben. Sie hatten sich mal wieder nackt ausgezogen, die neue Matratze ausgepackt, sich dann darauf gesetzt und beide draufgepinkelt. Weiß der Kuckuck, wie sie auf diese Idee gekommen waren.
Anstatt Tee zu trinken wurde die nagelneue Matratze also abgeseift. Allerdings gingen die Flecken nicht ganz raus und wir haben heute noch eine Erinnerung an diesen Kaffeebesuch.
Ein anderes Mal ging ich nachsehen, warum die beiden so still waren. Sie waren wieder beide splitternackt, saßen im Ehebett und hatten eine volle Niveacremdose gleichmäßig auf sich selbst, dem Bett, dem Radiowecker, einem Buch und dem Bettgestell verteilt. Seitdem kann ich keine Niveacreme mehr riechen.

Strom

Allerdings waren Felix Ideen nicht immer so ungefährlich. Claudia und ich saßen im Wohnzimmer, als die Türe aufging und die beiden mit schuldbewussten Minen ins Zimmer kamen. Ich kannte diesen Gesichtsausdruck schon zur Genüge und wollte nur wissen, was sie diesmal angestellt hatten. Felix meinte, sie hätten wissen wollen, wie das Licht in seine Nachttischlampe kommt. Deshalb hätten sie das Kabel mit der Schere durchgeschnitten. Sophie hätte es nicht geschafft und deshalb hätte er es dann probiert. Die Lampe hätte geknallt und geraucht und würde jetzt gar nicht mehr leuchten. Ich konnte es nicht glauben. Ich rannte hoch ins Kinderzimmer. Da stand die Lampe: schwarz, das Kabel durchtrennt und die Kinderschere lag mit schwarz angelaufenem Metall auf der Erde. Ich ging zu Felix zurück und redete ganz ernst mit ihm. Ich fing, bei dem Gedanken, was hätte passieren können, an zu weinen. Ich erklärte ihm, dass er großes Glück gehabt hätte, dass er jetzt nicht tot sei. Dass er fast in den Himmel geflogen wäre. Er begann auch zu weinen und fragte, ob ich denn mitgeflogen wäre. Als ich verneinte, war er total fertig. Er würde da oben im Himmel doch gar niemanden kennen...

Claudia war auch ganz geschockt, machte mir aber zum Glück keine Vorwürfe.

Ein anderes Mal ging wieder ich hoch, um nachzuschauen, warum die Kinder so ruhig sind. Allerdings war es diesmal harmlos. Felix saß auf dem Klodeckel und demonstrierte Lina-Sophie wie er seine etwas verengte Vorhaut immer zurückschieben müsse, damit sie sich weitet. Lina-Sophie verfolgte seine Erklärung mit dem gebührenden Interesse.

Es gehörte zu dem Lieblingsspiel der beiden Kinder sich ständig nackt auszuziehen. Im Sommer, wenn es heiß ist, mag das ja nichts so ungewöhnliches sein, aber im eiskalten Winter war es doch etwas befremdlich. Einmal verkühlten sich die beiden dann auch und waren anschließend ziemlich krank.

Homöopathie die Wundermedizin

Im Februar, das schlechte Wetter zerrte mal wieder an unseren Nerven, war Felix krank. Er hatte einen schlimmen Husten, schlief schlecht und weckte um 5 Uhr die ganze Familie. Er stand heulend bei uns im Schlafzimmer und jammerte, dass er doch so müde wäre, aber nicht schlafen könne. Was zur Folge hatte, dass die ganze Familie wach war und ebenfalls nicht mehr schlafen konnte.
Er war unausstehlich. Die Diskussionen gingen schon beim Anziehen los. Er konnte sich nicht entscheiden, was er anhaben wollte: Strümpfe und lange Unterhosen? Nein, lieber Strumpfhosen. Hatte er sie dann endlich an, weinte er, weil sie zwickten und er wollte doch lieber die langen Unterhosen. Aber nicht die Strümpfe mit den Bärchen, sondern die mit den Ringeln. Saßen wir dann endlich beim Frühstück, wollte er die blaue Müslischale, die Jana hatte und außerdem sollte ich ihm zuerst etwas zu Trinken geben und nicht der Jana. Jana, wiederum auch müde und motzig, wollte die blaue Schüssel aber nicht hergeben. Felix riss an der Schüssel, bis das Trinken umkippte oder die Müslischale samt Inhalt auf dem Boden lag.
Völlig entnervt, nachdem das mehrere Tage so gegangen war, rief ich bei meiner Homöopathin an. Ich bat sie entweder mir oder Felix ein Mittel herauszusuchen. Ich sagte ihr, dass ich sonst für nichts garantieren könne.
Da Felix immer noch die gelb laufende Nase hatte, entschieden wir uns ihm ein homöopathisches Mittel zu geben. Wir sammelten gemeinsam Symptome und sie versprach, gleich nachzuschauen. Einige Zeit später rief sie zurück. Nachts als Felix schlief, steckte ich ihm drei Globuli in den Mund. Am

nächsten Morgen, ich wachte von ganz alleine auf, sagte mir ein Blick auf meinen Wecker, dass es schon 8 Uhr war. Wo war Felix? Er lag nicht in seinem Bett. Dieses war gemacht (was er bis dahin noch nie getan hatte). Jana schlief seelenruhig in ihrem Gitterbett. Ich machte die Türe zum Badezimmer auf. Da saß Felix, mit frischer Wäsche und zog sich ganz alleine an. Er meinte, ich solle leise sein, seine Jana würde noch schlafen. Ich traute meinen Augen nicht. Wer sein Kind schon einmal homöopathisch behandelt hat, wird mir glauben, alle anderen werden denken ich übertreibe. Aber es war tatsächlich so. Der Schnupfen war zwar nicht weg, aber Felix war wie ausgewechselt. Er war freundlich zu allen und man hatte das Gefühl, dass er wieder im Gleichgewicht war.

Unglaublich

Wir hatten im Januar einen Urlaub für 14 Tage nach Ägypten gebucht. Es gefiel uns sehr gut. Die Anlage war schön, nur war es zum Baden leider viel zu kalt. Der Pool war nicht beheizt und hatte nur 16°C. Die Kinder liefen, mit T-Shirt und Badehose bekleidet, wie kleine Störche im Kinderbecken herum. Weil wir nie im Wasser gewesen waren, hatten wir nicht gesehen, dass es dort Treppen gab. Es wurde richtig tief. Da Felix noch nicht schwimmen konnte, behielt ich ihn die ganze Zeit im Auge. So Gott sei Dank auch, als er sich der Treppe näherte. Plötzlich verschwand er und oben auf der Wasseroberfläche schwamm nur noch sein Sonnenhütchen. Wild zappelnde Hände, waren das einzige, was man von Felix noch sehen konnte. Ich habe keine Erinnerung daran, wie kalt das Wasser war. Ich sprang samt Kleid und Sandalen mit einem Kopfsprung in das tiefe Becken, das ich durchqueren musste, um zum Kinderbecken zu gelangen. So schnell war ich noch nie

geschwommen. Ich packte Felix, der prustend an die Oberfläche kam und mich doch tatsächlich anlachte. Mit einem bewundernswerten Vertrauen antwortete er auf meine Frage, ob er denn keinen Schreck bekommen hätte: „Mama, ich weiß doch, dass du immer auf mich aufpasst und mich rettest."
Ein älterer Mann war direkt am Beckenrand gestanden. Er hätte sich nur etwas herüberbeugen müssen, um Felix an den Händen herauszuziehen. Allerdings hatte er keinerlei Anstalten gemacht, ihm zu helfen. Auf meine Frage, warum er dem Kind nicht geholfen hätte, ob er vielleicht nicht gesehen hätte, dass es am Ertrinken war, antwortete er: „Meinen Sie etwa, ich springe in das kalte Wasser, nur weil sie auf Ihr Kind nicht aufpassen können?" Ich bin noch nie so nah dran gewesen, jemanden meine Faust ins Gesicht zu schlagen. Ich war stinksauer, musste mich aber erst mal hinsetzen. Mir zitterten von dem Schock so sehr die Beine, dass ich fast zusammengeklappt bin. Noch mehrmals danach hatte ich Alpträume von ertrinkenden Kindern.

Felix erklärt Jana die Welt

Jana sprach für ihre fast drei Jahre sehr gut. Das kam bestimmt auch daher, weil Felix ihr alles mit einer Eselsgeduld erklärte. Wir saßen auf der Terrasse. Felix schaute mit Jana ein Bilderbuch an, in dem eine Zofe vorkam. Er fragte Jana ganz freundlich, ob sie denn überhaupt wisse, was eine Zofe sei? Jana verneinte. Seine Erklärung klang sehr plausibel: "Du kennst doch Benjamin Blümchen. Da gibt es den Otto, das ist der Junge. Dann gibt es noch den Zoowärter Carl. Und eine Zofe ist genau dasselbe wie der Carl, nur als Frau. Eben eine ZOOFEE." Jana nickte ganz verständnisvoll.
Ein anderes Mal malten Jana und Felix mit Wasserfarben. Auf Felix Bildern konnte ich mittlerweile erkennen, was es sein sollte. Bei Jana fiel es mir dagegen noch schwer. Allerdings sah ihr Tier sehr nach einem Drachen aus.

Ich hatte mich getäuscht. Jana erklärte mir fachmännisch, dass es sich hierbei um ein Kamel handeln würde. Felix, ganz empört über soviel Unverstand, rechtfertigte seine Schwester: “Mensch Mama, das sieht man doch, dass das ein Kamel ist. Es hat doch eine Rücken - Brust!“. Da hatte er natürlich Recht. Was ich für Drachenzacken gehalten hatte, waren natürlich zwei Kamelhöcker.

6. Kapitel

Felix fünftes und Janas drittes Lebensjahr

Von Streichen und einem kindgerechten Aufklärungsunterricht

Helau!

Felix hatte mal wieder gute Einfälle. Frank hatte einen Sack Rindenmulch für mich gekauft. Dieser lag auf unserer Terrasse. Frank mähte den Rasen, Jana machte Mittagsschlaf und Felix spielte lieb, dachte ich. Ich war in der Küche dabei, das Geschirr wegzuräumen. Ich hatte den ganzen Vormittag geputzt, Wäsche gewaschen und die Wohnung aufgeräumt. Ich freute mich auf ein gemütliches Stündchen Ruhe in meiner Hängematte auf der Terrasse. Als ich endlich mit allem fertig war, ging ich raus. Mich traf fast der Schlag. Überall, d.h. auf dem Holzboden, auf allen Stuhlkissen, auf beiden Liegen, auf allen Blumen, auf dem Tisch, in der Hängematte; kurz überall auf der ganzen Terrasse lag verstreut fast der komplette 20l Sack Rindenmulch. Ich raste wirklich selten aus, aber da konnte ich nicht mehr an mich halten. Ich schrie Felix an, was denn die Sauerei solle, was er sich dabei gedacht hatte. Mein Sohn, nie um eine Antwort verlegen, sagte: “Ich habe Bonbon werfen wie an Fasching gespielt. Helau, Helau.“ Wohlgemerkt es war Mai! Als ich das Chaos beseitigt hatte, war Jana wieder wach und meine gemütliche Mittagsruhe vorbei.

Ein Gefallen

Im Frühjahr säen Felix, Jana und ich immer Sonnenblumen und Calendula. Da diese regelmäßig Wasser brauchen, gieße ich sie jeden Abend mit dem Schlauch. So auch an diesem Abend. Felix und Jana spielten lieb im Sandkasten, als ich ein komisches Gefühl hatte und mich umdrehte. Felix hatte sich die große Astschere geholt, keine Ahnung, wie er da heran gekommen war. Er hatte die Schere geöffnet, was im sichtbar schwer fiel und war dabei, mir den Schlauch durchzuschneiden. Ich ließ einen Brüller. Vor Schreck ließ er die Schere fallen. Er weinte ganz bitterlich, denn er hatte mir einen Gefallen tun wollen, wie sich gleich danach herausstellte. Felix wollte mir den Schlauch kürzen, weil er sich immer so verhedderte.

Backe backe Kuchen

Da die Kinder so gerne backen, fragte ich sie, ob wir mal wieder gemeinsam einen Kuchen backen wollen. Sie waren begeistert. Felix durfte versuchen, die Eier aufzuschlagen. Das erste Ei war in der Schüssel, das zweite Ei fiel leider mit aufgeschlagener Schale dazu. Also fischten wir die Schale wieder heraus. Die Schale des dritten Eis zerbrach leider schon an dem Glas, das wir zum Aufschlagen benutzt hatten, so dass wir es mit etwas Geschick vom Tisch in die Schüssel bugsieren konnten. Das vierte Ei war gerade glücklich in der Rührschüssel gelandet, als diese umkippte und die ganze Eierpampe über die Knöpfe des Geschirrspülers auf den Fußboden lief. Wie gut, dass ich eine Packung mit zehn Eiern gekauft hatte. Die nächsten vier Eier schlug ich auf.

Jana durfte, während Felix mit dem Mixer rührte, den Zucker in die Schüssel kippen. Bei dem Versuch, Jana nun auch einmal rühren zu lassen, kippte die ganze Schüssel erneut. Ich konnte sie allerdings noch so rechtzeitig festhalten, dass nur etwas von dem klebrigen Eischaum auf den Tisch lief. Allerdings schubste Jana dabei das Einmachglas mit dem Zucker auf den Boden. Das Glas blieb heil, aber der Deckel war noch nicht wieder verschlossen gewesen, so dass der Zucker auf den noch feuchten Boden rieselte. Danach war es mit meiner Geduld vorbei. Unter lautem Protestgeschrei schickte ich die Kinder in den Garten spielen und backte alleine meinen Kuchen.

Felix gärtnert

Ich saß mit einer Bekannten auf der Terrasse. Felix und ihr Sohn Jannek spielten im Garten. Sie kletterten auf dem Klettergerüst, spielten im Sand, waren auf der Schaukel und ließen uns in Ruhe. Plötzlich war es mir etwas zu still. Während ich nach vorne an das Geländer der erhöhten Terrasse lief, fragte ich mich schon laut, was unsere Kinder denn so treiben. Wie angewurzelt blieb ich stehen. Das wunderschön gepflegte Hochbeet der Nachbarin, mit allen möglichen Blumenraritäten, war völlig zerwühlt. Mitten darin saß Jannek mit einer Sandschaufel und einer der Pflanzen in der Hand. Felix turnte vergnügt auf dem Klettergerüst. Jannek merkte gleich, wie wütend ich war und bekam eine Moralpredigt von mir zu hören. Felix fragte ich mehrfach, ob er dabei gewesen wäre und wenn nicht, warum er Jannek nicht daran gehindert hatte, das Blumenbeet zu zerstören. Felix schwor mir, nichts damit zu tun gehabt zu haben. Er hätte so lieb geklettert, dass er nichts davon mitbekommen hätte. Ich glaubte ihm, was sollte ich anderes tun. Ich rief die Nachbarin, mit der wir bisher immer sehr gut ausgekommen waren. Sie war ebenso entsetzt wie ich. Ich legte alle Pflanzen in eine Wanne und gab ihnen Wasser, weil die Nachbarin an diesem Tag keine Zeit mehr hatte,

sie wieder einzupflanzen. Als unser Besuch weg war, Jannek hatte kein Wort gesagt, erklärte ich Felix, dass ich Janneks Mutter gleich noch mal anrufen wollte, um zu erfahren, ob Jannek noch etwas erzählt hatte. Ganz plötzlich gab Felix kleinlaut zu, dass er doch dabei gewesen sei. Er weinte und erklärte, dass sie doch nur gegärtnert hätten. Ich war so enttäuscht, dass er mich so schamlos angelogen hatte. Außerdem schämte ich mich dafür, dass ich sauer auf die Nachbarin gewesen war, die Felix als Lügner bezeichnet hatte. Mir liefen wirklich ein paar Tränen der Enttäuschung.
Aber Felix tat es wirklich leid. Er malte von ganz alleine als Entschuldigung ein wunderschönes Bild mit lauter Blumen mit Zwiebeln auf einem Hügel für die Nachbarin. Er maulte auch nicht, als wir seine Ersparnisse aufbrauchten, um für die Nachbarin wenigstens vier neue Pflanzen zu kaufen. Das Geld, das er immer benutzt hatte, um sein Eis selber zu bezahlen, war nun weg. Er musste zweimal dabei zuschauen, wie Jana und ich ein Eis schleckten. Allerdings wickelte er seine Schwester um den Finger, die ihm ihr halbes Eis abgab.
Das alles war ihm aber eine Lehre gewesen. Seit dem hat er nie wieder unerlaubt den Garten der Nachbarin betreten.

Die Nachbarin, die meine verhängte Strafe dann wohl doch etwas hart fand, schenkte Felix und Jana eine Packung Schokoladeneis. Ich bekam davon allerdings zuerst gar nichts mit. Ich hatte die Kinder vor den Fernseher gesetzt, um in Ruhe zu duschen. Als ich runterkam, blieb ich wie vom Donner gerührt stehen. Felix hatte versucht das Schokoladeneis in Schälchen umzufüllen und dabei den ganzen Wohnzimmertisch vollgekleckert. Beide saßen, von einem Ohr bis zum anderen mit Schokoladeneis verschmiert, am Wohnzimmertisch. Die Pullover, die Hosen, der Fußboden und das Sofa waren voller Schokoladeneis. Ich will meiner Nachbarin keine bösen Absichten unterstellen, aber da ich gerade mal wieder geputzt hatte, war ich ziemlich entnervt.

Felix entdeckt die Welt der Buchstaben

Felix hatte eine Kette mit seinem Namen. Auch Magnetbuchstaben für den Kühlschrank hatte er geschenkt bekommen. Durch sein Interesse am Telefon, konnte er mit 3 Jahren schon die Zahlen erkennen und wählen, wenn ich ihm die Telefonnummer diktierte. Seine Lieblingskekse waren eine zeitlang Russisch Brot. Er legte damit seinen Namen und fragte mich immer, wie denn die anderen Buchstaben heißen würden.
Wir waren spazieren, als er ganz begeistert bemerkte, dass alle Autos als ersten Buchstaben ein F (Frankfurt) hatten , weil er doch Felix hieß und sein Name damit beginnen würde.
Ein anderes Mal, Frank und ich saßen beim Frühstück, ging Felix auf die Toilette. Ich hörte, wie er den Deckel öffnete und dann laut rief: „Mama komm schnell! Das musst du dir ansehen." Ich weiß eigentlich nicht so genau, was ich erwartet hatte, aber ich war enttäuscht, denn ich sah nichts. Aber Felix hatte etwas entdeckt. Im Klo klebte ein gewelltes Haar von mir und das sah tatsächlich aus wie ein S. Felix war total begeistert.
Schon niedlich, über was sich Kinder so freuen können!

Gehirnerschütterung

Das Wetter war schön und wir beschlossen auf den Spielplatz zu gehen. Allerdings hatten wir keine Lust auf den Niddaspielplatz und entschieden uns für einen anderen Spielplatz, ganz in unserer Nähe. Auf diesem Spielplatz gab es ein etwa zwei Meter hohes Spielgerät, das aussieht, wie eine Halbkugel. Felix nennt es das Teletubbyhaus. In der Mitte befindet sich ein Rohr, wie ein Schornstein. Dieser hat Löcher, die man als Stufen benutzen kann. Wenn man oben angelangt ist, kann man ebenfalls über Löcher in der

Halbkugel wieder hinunter in den Sand klettern. Um in den Schornstein zu gelangen, muss man zuerst durch ein kleines Tor in der Halbkugel und dann durch ein zweites Tor im Schornstein hindurchschlüpfen. Ich saß auf einer Bank und las, während Jana im Sand spielte und Felix kletterte. Plötzlich rief mich Jana, ich traute meinen Augen kaum. Jana stand freihändig und ziemlich schwankend ganz oben auf dem Kuppeldach, selbst überrascht durch ihren Mut, der sie nun plötzlich verließ. Ich schoss wie eine Furie durch das erste Törchen. Hier hatte ich mich tief genug gebückt. Allerdings ging ich beim Hindurchrasen des zweiten Törchens zu früh hoch und schlug mir dermaßen den Kopf an, dass mir schwarz vor Augen wurde und ich rückwärts taumelte. Ich rette zuerst noch Jana, bevor ich fast umkippte. Ich lag einige Tage mit einer Gehirnerschütterung im Bett, aber immerhin war meiner Tochter nichts passiert.

Penisneid

Felix und Jana liebten es zusammen zu baden. Es wurde getaucht, geplanscht, gespritzt und Wasser von einem Becher in den anderen geschüttet. Meistens war hinter her mehr Wasser auf dem Boden, als in der Wanne.

Allerdings hatten unsere beiden Kinder immer einen riesigen Spaß, was mich für so manche Überschwemmung entschädigte.

Jana und Felix haben beide von Geburt an einen Nabelbruch. Einmal stand Jana in der Badewanne und betrachtete ihren herausstehenden Nabel, begann zu strahlen und verkündete stolz. " Schau Mama, ich habe auch einen Pimi!". Felix, sichtlich irritiert, stand ebenfalls auf, schaute an sich hinunter und antwortete überlegen: „Ätsch Jana, dafür habe ich sogar zwei!"

Als ich klein war, gab es mit meinen beiden Brüdern immer Streit, wer als erstes wieder aus der Wanne heraus musste. Da es bei meinen Kindern mittlerweile genau so war, erinnerte ich mich an ein Spiel, dass meine Mutter immer mit uns gespielt hat. Wer zuerst aus der Badewanne kommt, darf sich dreimal unter dem Badetuch verstecken, der andere nur zweimal. Die Kinder werden komplett in das Tuch eingehüllt und ich überlege dann gespielt verzweifelt, wer denn unter dem Badehandtuch stecken könnte. Ich befühle Schultern, Hände, Beine und bitte das Kind einmal „Piep" zu machen. Ich rate natürlich immer falsch und stelle dann ganz überrascht fest, dass es mein Felix ist, der unter dem Tuch versteckt war.
Hin und wieder lasse ich mir auch vom jeweils anderen helfen. So auch bei diesem Mal, als ich Jana fragte, wer denn ihrer Meinung nach unter dem Handtuch versteckt sein könnte. Als sie prompt antwortete, dass es wahrscheinlich Felix ist, kam dieser heulend unter dem Tuch hervor. Er motzte Jana an, was ihr einfallen würde, mir zu verraten, dass er es sei. Und ich musste ihm versprechen, es nicht gehört zu haben und noch einmal ganz von vorne mit raten anfangen.

Hurra, ich werde eine Frau

Für Jana war es immer noch ein Problem, keinen Penis zu haben. Immer wieder fragte sie mich, wann denn nun endlich ihr Pimi wachsen würde. In der Bücherei lieh ich den Fotoband „Wie ein Kind entsteht" aus. Mir gefielen die Bilder sehr gut und da meine Kinder immer alle Fragen kindgerecht beantwortet bekommen sollen, schauten wir uns das Buch gemeinsam an. Felix war fasziniert von der mikroskopisch vergrößerten Eizelle, um die sich lila eingefärbte Spermien tummelten. Ich erklärte ihnen, dass sie aussehen würden, wie kleine Kaulquappen. Die erste, die durch die dicke Haut

durchkommen würde, würde zusammen mit dem weiblichen Ei das Baby entstehen lassen. Jana und Felix verfielen in einen richtigen Wettstreit, welche Kaulquappe am schnellsten durchgeschlüpft sein würde.
Felix überlegte und fragte dann, ob es Zwillinge, wie bei unserer Freundin Eva geben würde, wenn zwei Waulkwappen gleichzeitig rein kommen würden. Ich bejahte. Als wir das Buch fertig angeschaut hatten, stand Jana strahlend vor mir und verkündete stolz: „Ich bin ein Mädchen und wenn ich groß bin, werde ich eine Frau und bekomme Busen mit Milch." Sie kam aus dem Schwärmen gar nicht mehr heraus. „Und in meinem Bauch wachsen die Babys!"
Felix, eifersüchtig über die Möglichkeiten einer Frau, belehrte sie fachmännisch: „Um Babys zu bekommen, brauchst du aber Waulkwappen von deinem Mann!"
Jana fing sofort an zu überlegen, wen sie denn heiraten könnte. Ihr Freund Marc-Phillip erschien ihr noch zu klein, ebenso Louis. Ein anderes Kind war zu frech. Sie willigte dann letztendlich ein Paul–Julian, Felix besten Freund, zu heiraten. Die Sache war also geklärt.
Am nächsten Tag erschien Jana weinend von ihrem Mittagsschlaf. Auf die Frage, warum sie weinen würde, antwortete sie, dass sie es sich anders überlegt hätte. Sie wolle doch nicht Paul-Julian heiraten. Sie wolle lieber ihren Papa heiraten.

Seltene Pflanzen

Wir waren mal wieder in Karlsruhe bei Oma Marianne und Opa Horst zu Besuch. Mein Vater hat verschiedene Kakteen auf dem Fensterbrett in seinem Arbeitszimmer stehen. Unter anderem steht dort ein typischer Kaktus,

der aussieht wie eine Gurke mit langen spitzen Stacheln. Daneben steht ein Pfenningbäumchen, so eine Pflanze mit kleinen, dicken, fleischigen Blättern. Zuerst dachten wir, der Kaktus bekäme Blüten. Bei genauerem Hinsehen, stellten wir aber fest, dass Felix dem Pfenningbäumchen die Blätter abgezupft und sie dem Kaktus fein säuberlich auf die bestimmt fünfzig Stacheln aufgespießt hatte.
Ideen hatte dieses Kind - unglaublich!

Klopapierpampe

Wir waren bei meiner Freundin Kerstin und ihren Kindern Luca und Linn zu Besuch. Am Anfang spielten alle Kinder im Wohnzimmer mit der großen Eisenbahn. Als die beiden Jungs allerdings eine Weile verschwunden waren, machte sich Kerstin auf die Suche. Sie fand beide ziemlich nass im Badezimmer. Sie hatten eine ganze Rolle Klopapier im Waschbecken aufgelöst. Der Papierbrei war kaum zu greifen und der Abfluss war verstopft. Allerdings muss ich zugeben, dass ich schlimmeres gewohnt war und darüber dann doch lächeln konnte.

Platzwunde die Zweite

Jana und Felix kabbelten sich im Wohnzimmer. Wir haben von Ikea zwei Kinderstühle, einen blauen und einen grünen. Hätte ich vorher geahnt, welche Probleme sich aus zwei verschiedenfarbigen Kinderstühlen ergeben würden, hätte ich zwei blaue gekauft. So gab es jeden Tag Streit, wer auf dem blauen Stuhl sitzen durfte. An diesem Tag hatte sich Jana den blauen

Stuhl erobert. Sie rannte damit ins Wohnzimmer, weil Felix ihn ihr wegnehmen wollte. Dummerweise blieb sie mit dem Stuhlbein am Tischbein des Esszimmertisches hängen und schoss, wie eine kleine Rakete, mit der Stirn gegen das Tischbein. Es blutete wie verrückt und wir fuhren wieder mal nach Höchst ins Krankenhaus. Da die Platzwunde allerdings zu nah am Auge war, konnte sie nicht genäht werden, sondern wurde nur geklammert.

Kriegserklärung

Felix war ein Kind, das einem wirklich Löcher in den Bauch fragen konnte.
Ich stand am Herd und backte Pfannkuchen, als Felix mich fragte, was denn Krieg wäre. Eine wirklich schwere Frage, da ich selbst nicht begreifen kann, warum Menschen sich gegenseitig töten. Aber ich versuchte mein bestes. Ich fing damit an, dass er und Jana sich doch auch streiten würden. Das Erwachsene sich eben über andere Dinge nicht einig wären, über Land zum Beispiel und über Geld und wer bestimmen darf, was gemacht wird. Ich sagte, dass die Menschen sich auch wegen ihres Glaubens streiten. Manche würden an Gott glauben und andere an Buddha, einen anderen Gott. Jana, die mit am Tisch saß und bisher still zugehört hatte, strahlte über das ganze Gesicht und meinte: "Gell Mama, Felix und ich haben manchmal auch Krieg. Wir streiten uns auch immer um die Budda."

Roller fahren

Jana hatte, als sie drei wurde, als Belohnung dafür, dass sie alle ihre Schnuller hergegeben hat, einen knallroten Roller bekommen. Felix, der nur einen kleinen Holzroller besaß, verstand es hervorragend, Jana diesen Holzroller anzupreisen, so dass er mit dem neuen Roller anfangs mehr gefahren ist, als Jana. Aber anscheinend wurde es Felix bald zu langweilig, nur so auf der Straße hin- und herzufahren. Ich stand in der Küche und schaute aus dem Fenster. Mir blieb fast das Herz stehen. Felix hatte den Roller auf die 40cm breite Mülltonnenumrandung gehievt, stieß sich mit dem Fuß auf der großen Papiertonne ab und fuhr mit dem Roller vorwärts und rückwärts. Abgesehen davon, dass schon die Mülltonnenumrandung fast 150cm hoch ist, geht es dahinter noch einmal bestimmt 2m die Kellertreppe hinunter. Um Felix nicht zu erschrecken, versuchte ich ganz ruhig zu ihm zu laufen, um ihn von dort oben zu retten. Aber dann machte ich meinem Schrecken ordentlich Luft!

Tolle Aussicht

Als meine Nichte Annika und mein Neffe Nick aus Karlsruhe bei uns zu Besuch waren, haben wir einen Ausflug auf den Henningerturm gemacht. Die Aussicht von dort oben war wirklich schön und wir sagten immer wieder: "Was für eine tolle Aussicht!"
Jana hatte von mir eine sehr teure lange Unterhose aus Seide und Wolle bekommen. Diese hatte sie in der Wohnung an, als wir alle zusammen bastelten. Sie saß auf dem Fußboden und spielte friedlich vor sich hin. Plötzlich sagte sie ganz begeistert:" Guck mal Mama. Mein Knie hat eine ganz tolle Aussicht!" Sie hatte die lange Unterhose am Knie zusammen gedreht und abgeschnitten. Die ganze Kniescheibe schaute aus dem rieseigen Loch oben heraus. Über diese tolle Aussicht konnte ich mich leider wirklich nicht freuen.

Speck

Felix und Jana saßen am Küchentisch, während ich Mittagessen vorbereitete. Ich steckte mir ein Stückchen Speck in den Mund, den ich gerade gewürfelt hatte, um ihn anzubraten. Jana fragte mich, was ich denn im Mund hätte. Da sie Speck bisher nicht kannte, fragte sie, was das wäre. Felix antwortete ihr: „Speck ist das Wabbelige und Weiche, das dicke Menschen am Bauch haben. Das, was sich wie eine Wurst so rollt, nur vom Schwein!" Jana schaute mich angeekelt und verwirrt an. Speck aß sie natürlich keinen.

Globus

Felix hatte von Oma und Opa einen wunderschönen Globus zu Weihnachten geschenkt bekommen. Dieser hatte einen Lichtschalter und leuchtete. Allerdings nicht lange, denn am zweiten Abend hatte Felix den Globus auseinander geschraubt und die Glühbirne war kaputt. Daraufhin verschwand der Globus oben auf dem Schrank.

Stromkabel

Felix und Jana lagen im Bett. Ich war bei einer Freundin und Frank saß am Computer, als Felix plötzlich anfing zu weinen. Er jammerte immer nur: "Aua, mein Zahn, mein Zahn." Auf mehrmaliges Nachfragen antwortete er mit schuldbewusster Mine, er hätte an seinem Nachtischlampenkabel geknabbert. Frank untersuchte das Kabel, konnte aber nichts sehen. Als ich allerdings am nächsten Morgen davon erfuhr und mir das komplette Kabel ansah, entdeckte ich eine völlig abgefressene Stelle. Felix hatte einen

Stromschlag in den Zahn bekommen. Ich nahm mir Felix gehörig zur Brust. Alle elektrischen Geräte, d.h. seine Lampe, sein Kassettenrekorder und seine Lichterkette für die Nachtbeleuchtung wurden abmontiert und weggeschlossen. Er heulte schrecklich, aber wir dachten, dass er es sich dann vielleicht endlich merken würde, dass Strom lebensgefährlich ist.

Platzwunde die Dritte

Im Sommer haben unsere Kinder bei uns im Garten immer viel Spaß. Wir machen den Rasensprenger an und sie laufen nackig hindurch. Oder wir stellen die Gartendusche an die Rutschbahn und das Planschbecken und sie haben eine richtige kleine Wasserrutsche.
Es war ein heißer Tag und wir waren lange unterwegs gewesen. Ich musste Abendbrot machen und erlaubte den Kindern sich auszuziehen und im Garten durch den Rasensprenger zu laufen. Plötzlich hörte ich Felix vollkommen panisch nach mir rufen. Ich raste hinaus und mir blieb vor Schreck fast das Herz stehen. Jana hielt sich die blutende Stirn und war von oben bis unten voller Blut. Die nackten Arme, die Beine, der Bauch alles war über und über mit Blut verschmiert. So viel Blut hatten weder Felix noch sie jemals gesehen. Felix stammelte nur immer, dass es keine Absicht war, sie wäre ihm in die Schaukel gelaufen. Jana kam mir mit angstverzerrtem Gesicht brüllend entgegen gerannt. Ich musste an das Foto des kleinen nackten Mädchens aus Hiroschima denken.
Ich schloss sie in die Arme und redete beruhigend auf sie ein. Ich trug sie ins Badezimmer, gab ihr einen Waschlappen für die Stirn und machte sie sauber. Außerdem bekam sie mal wieder ein Globuli Arnica und als ich mir die Platzwunde an der Stirn anschaute, stellte sich heraus, dass sie zwar sehr tief, aber zum Glück nicht groß war. Ich konnte sie mit zwei Streifen

Klammerpflaster aus meiner Hausapotheke selber klammern. Dies ersparte uns den erneuten Weg ins Krankenhaus nach Höchst.

Kann ich alleine

Mit Felix hatte ich endlose Diskussionen darüber, was er schon alleine konnte und was nicht. Wir saßen am Küchentisch, ich hatte mal wieder geputzt und Felix wollte sich alleine Orangensaft einschenken. Die Flasche war voll und viel zu schwer für ihn. Das erkläre ich ihm auch. Er war sich sicher, er könne es trotzdem. Da ich keine Lust auf klebrigen Orangensaft auf dem Tisch und auf dem Boden hatte, bot ich ihm an, dass er sich Wasser alleine einschenken dürfte. Nein, es musste Orangensaft sein. Wir diskutierten hin und her, bis es mir reichte und ich ihn vor die Entscheidung stellte: entweder Orangensaft von mir eingegossen oder Wasser alleine. Er grinste mich schon so komisch an und entschied sich dann für den Orangensaft. Ich goss ein, er nahm das volle Glas und kippte es grinsend komplett auf dem Tisch aus. Ich gestehe, ich habe nicht sehr pädagogisch reagiert und ihm einen Klaps gegeben.

Gleich knallt es!

Felix hasste es, wenn ich mit Leuten telefonierte, mit denen er nicht sprechen durfte.

So musste ich bei der Kindergeldkasse anrufen, um etwas zu klären und bat Felix schön leise zu sein. Er wartete, bis ich mich meldete. Dann fing er an, mit einem Bauklotz auf den Boden zu schlagen. Ich bat ihn aufzuhören. Er

begann, in der Legokiste zu wühlen. Wer selber Kinder hat, weiß, wie laut das ist. Aber das war ihm noch nicht laut genug. Er trug die schwere Kiste neben den Sessel auf dem ich saß und leerte genüsslich deren gesamten Inhalt neben mir auf dem Parkett aus. Ich versicherte der Dame am anderen Ende, mich gleich wieder zu melden, legte auf und explodierte. Ich holte ihm den Küchenwecker, empfahl ihm, mir nicht unter die Augen zu kommen, bis dieser in 5 Minuten klingelt und schickte ihn damit hoch in sein Zimmer.
Das funktionierte eigentlich ganz gut und er hielt sich daran.

Ein anderes Mal, Felix hatte sich furchtbar über mich geärgert, lief er in die Küche, holte den Wecker und sagte: „Mama ich bin stinksauer. Ich will dich jetzt fünf Minuten nicht sehen, sonst knallt es hier. Setzt dich für fünf Minuten ins Schlafzimmer, dann darfst du wieder runterkommen, dann habe ich mich wieder beruhigt und wir können vernünftig darüber reden.“ Ich musste mich so beherrschen, nicht laut loszulachen! Pädagogenkinder eben.

Sandmännchen

Felix konnte die Uhr zwar noch nicht richtig lesen, da er aber total verrückt auf das Sandmännchen war, wusste er genau, wann es anfängt. Der große Zeiger musste nach unten auf die 6 zeigen, der kleine Zeiger zeigte ein bisschen weiter zur 7. Als Felix fünf Jahre war, nervte Jana ihn jeden Abend mit der Frage, wann das Sandmännchen endlich anfangen würde. Irgendwann hatte er genug von dieser Fragerei. Er setzte sich an den Tisch, nahm ein Blatt Papier und einen Stift und malte Jana ein Bild, wie die Uhr aussieht und wie die Zeiger stehen müssen, wenn das Sandmännchen beginnt. Tage lang setzte Jana sich mit dem Bild vor die Wohnzimmeruhr und wartete darauf, dass die Uhr so aussah, wie auf dem Bild von Felix. Dieser war stolz wie Oskar, wenn Jana dann pünktlich sagte: „Jetzt fängt gleich das Sandmännchen an.“

7. Kapitel

Felix sechstes und Janas viertes Lebensjahr

Von Rücksichtsnahme und Zukunftsplänen

Modebewusst

Jana liebte alles, was rosa war und irgendwie Schleifchen, Glitzer, Lack oder Blümchen hatte. Am liebsten wäre sie bei jedem Wetter in einem Kleid herumspaziert. Es kostet mich immer sehr viel Nerven, sie davon zu überzeugen, dass es bei –5° C zu kalt für ein Kleid ist.
Als Jana 4 Jahre alt wurde, durfte sie endlich mit ihrer Freundin Carolin zum Kindertanz. Die beiden hatten sehr viel Spaß dabei, sich im Spiegel zu betrachten, sich zu drehen und zu tanzen. So war Janas größter Wunsch zu Weihnachten ein rosa Trikot und ein dazu passendes Röckchen. Ihre Patentante Sylvia erfüllte ihr diesen Wunsch und schenkte ihr noch zusätzlich ein rosa Handy in einer rosa mit Pailletten bestickten und mit rosa Federn verzierten Handytasche. Jana war sicher das glücklichste Kind auf der ganzen Welt. Ich freute mich natürlich mit ihr. Allerdings musste ich Jana nun jeden Morgen davon überzeugen, dass dies nicht täglich die richtige Bekleidung für den Kindergarten war.

Rücksichtsnahme

Felix war so sechs Jahre alt, als Frank und ich für eine Woche alleine in Urlaub geflogen sind. Da ich Lehrerin bin, kann ich normalerweise immer nur in der Hauptsaison wegfahren. Deshalb genoss ich es, da ich noch nicht

wieder arbeitete, auch mal während der Nebensaison zu verreisen. Meine Eltern kamen aus Karlsruhe zu Besuch, um die Kinder zu versorgen. Wir telefonierten regelmäßig und meine Mutter sagte, dass alles bestens sei. Mein Mann und ich genossen die kinderfreie Zeit, auch wenn ich beide ziemlich vermisst habe. Als wir wieder zu Hause ankamen, begrüßten Jana und Felix uns überschwänglich. Felix erzählte, dass alles ganz toll geklappt hätte und wie lieb Oma Marianne und Opa Horst zu ihnen waren. Abends, als Oma und Opa wieder abgefahren waren, rückte er dann mit der Wahrheit heraus. Er hätte jeden Abend unter seiner Decke so geweint, aber erst wenn die Oma weg gewesen wäre. Damit sie es nicht hört, weil ich ja der Oma ihre Tochter bin und die Oma ja bestimmt auch ganz doll traurig gewesen ist, dass sie mich nicht gesehen hat und die Oma hätte sich doch solche Mühe gegeben, damit er und Jana auch eine schöne Zeit hätten. Da wollte er sie nicht traurig machen.
So viel Empathie und Mitgefühl fand ich unglaublich für so einen kleinen Knirps!

Schon wieder Strom

Wir hatten unsere Freunde Angela und Frank-Peter mit ihren drei Jungs zum Pizzaessen eingeladen. Paul, der genauso alt ist wie Felix, hatte mit seinem Papa eine kleine Versuchsanrichtung gebastelt. Sie hatten eine kleine Glühbirne mit zwei Kabeln verbunden. Außerdem gehörte eine Batterie dazu. Die Glühbirne leuchtete schwach, wenn man die beiden losen Kabelenden an die Batterie hielt. Ich hatte gleich so eine Vorahnung und achtete darauf, dass die Glühbirne bei uns auf dem Tisch blieb. Irgendwann müssen die beiden Jungs, sie dann doch mit ins Kinderzimmer genommen haben. Plötzlich standen sie mit betretenen Minen vor uns. Felix hatte mit viel Geduld die

Steckdosensicherung aus der Steckdose gefummelt und beide Kabelenden in die Steckdose gesteckt. Allerdings berührte er zum Glück wohl nicht das Metall, denn bis darauf, dass es geknallt hatte, die Steckdose schwarz war und die beiden Jungen sich furchtbar erschreckt hatten, war nichts passiert. Wir waren so sauer, dass wir ihm das erste Mal in seinem Leben Hausarrest erteilten.

Jana, mein Sprachgenie

Jana war für ihr Alter recht klein und hatte auch sehr wenige Haare. Deshalb wurde sie immer jünger geschätzt, als sie war. Um so mehr verblüffte sie Passanten mit ihren Sprachkünsten. Wir wollten zum Spielplatz gehen. Jana saß im Buggy, als uns eine Frau mit ihrem Hund entgegen kam. Jana strahlte, da sie ganz vernarrt in Hunde war, über das ganze Gesicht. Die Frau blieb stehen und erklärte Jana freundlich: „Gell, das ist ein Wauwau." Jana schaute die Frau verwundert an und meinte: „Mensch Frau, das ist ein Hund und der macht Wauwau."
Ein anderes Mal saßen wir in der S-Bahn und kamen von einem Ausflug zurück. Eine sehr sympathische Frau setzte sich zu uns und hörte aufmerksam zu, was Felix und Jana sich so erzählten. Sie staunte, dass Jana schon so toll sprechen konnte. Jana erklärte ihr, dass sie sogar schon ganz weit zählen könnte, ob sie es ihr mal zeigen solle. Die Frau bejahte und Jana fing an. Bei 57 musste die Dame leider aussteigen. Schade, sonst hätte sie erfahren, dass Jana schon bis 100 zählen konnte und das mit 4 Jahren.

So ein Zirkus

Jana hatte im Urlaub in Kroatien Fisch gegessen und sich irgendetwas eingefangen. Wochenlang litt sie unter Durchfall und Übelkeit. Auch unsere Ärztin machte sich wirklich Sorgen. Um ein großes Blutbild machen zu können, musste Jana Blut abgenommen werden. Da meine beiden Kinder nicht geimpft sind, haben sie keine schmerzhaften Erfahrungen mit Ärzten gemacht und haben vollstes Vertrauen. Also hielt Jana tapfer der Sprechstundenhilfe ihre Hand entgegen. Da sie aber so ausgetrocknet war, kam kein Blut. Auch bei einem erneuten Versuch, zuckte Jana nicht einmal mit der Wimper. Aber auch diesmal kam kein Tropfen. Auch an der anderen Hand blieb die Sprechstundenhilfe erfolglos. Sieben mal wurde Jana gestochen und sie blieb völlig cool. Ganz im Gegensatz zu der Sprechstundenhilfe, deren Tochter im gleichen Alter war und die, nach Aussage der Helferin, einen Affentanz veranstalten hätte. So überschüttete sie Jana förmlich mit Lobpreisungen, wie mutig, wie tapfer, wie geduldig... sie doch wäre. Als Belohnung für ihren Mut, erhielt Jana ein Tapferkeitsheft, in das eigentlich bei jedem Arztbesuch ein Stempel gemacht werden sollte. Die Sprechstundenhilfe stempelte alle acht Felder auf einmal ab, weil Jana ja soo tapfer gewesen sei. Jana nahm das Heft stolz entgegen und bedankte sich höflich. Kaum waren wir zur Tür draußen, sah sie mich kopfschüttelnd an und sagte: „Na, die hat ja vielleicht einen Zirkus gemacht. So schlimm war das doch wirklich nicht.“ Ich musste mich sehr beherrschen, um nicht schon wieder laut loszulachen.

Wir Frauen

Nachdem Jana nun den Unterschied zwischen Mädchen und Jungen kannte, stellte sie überrascht fest, dass unsere Katze wohl auch ein Mädchen sein müsse, da sie ja keinen Penis hatte. Das Verhältnis zu unserer Katze änderte sich dadurch ein wenig. Es war nämlich sehr interessant gewesen zu beobachten, dass Jana in der Rangordnung unter der Katze stand. Das lag wahrscheinlich daran, dass sie ihr eher ängstlich begegnete. Felix hatte die Katze von Anfang an herumgetragen, sich in heißer Liebe auf sie geworfen, so dass man oft nur noch den Schwanz sehen konnte. Jana war vorsichtiger und zurückhaltender. Das führte dazu, dass die Katze oft nach ihr hackte, wenn sie versuchte an ihr vorbeizulaufen.

Als Felix es eines Tages gar zu wüst mit Pauline trieb, hackte sie ihn überraschenderweise auch einmal in den Fuß. Jana war darüber sehr erfreut und meinte: „Klar Mama, wir Frauen müssen ja schließlich zusammenhalten, oder?“

Geheimversteck

Felix wurde immer selbständiger und fing an mit seinem Freund Paul draußen alleine zu spielen. Hin und wieder gingen sie auch einkaufen. Irgendwann wunderte ich mich über die vielen leeren Bonbonpapierchen in Felix Hosentaschen. Er konnte es mir aber relativ plausibel erklären: Kindergeburtstag, vom Freund geschenkt…

Ich dachte mir nichts weiter dabei, bis wir Felix Zimmer umräumten. Dazu mussten wir den alten Schreibtisch von der Wand abrücken. Mich traf fast der Schlag. Dahinter hatte er eine fast volle Plastiktüte mit allerhand Naschkram versteckt, dessen Wert sich bestimmt auf mehr als 30 Euro belief.

Mein Mann und ich redeten ein ernstes Wörtchen mit Felix. Dieser war in Tränen aufgelöst, denn viele der Sachen hatten ihm nicht einmal geschmeckt. Er hatte sich aber nicht getraut, sie wegzuwerfen, weil wir sie dann ja im Müll hätten entdecken können.
Kurze Zeit später, wir hatten gehofft, dass ihn unsere Moralpredigt etwas beeindruckt hätte, entdeckte ich im Gartenschuppen drei Milchtüten und zwei Packungen Honigpops. Es war Hochsommer und wir wollten am nächsten Tag in die Sommerferien fahren. Die Milchtüten mussten schon eine Weile im Schuppen liegen, denn sie waren kurz vor dem Platzen. Ich war stinksauer, denn wären die Tüten geplatzt, hätten wir den Schuppen abreißen müssen. Das Holz war nämlich nur von außen behandelt und die ganze gegorene Milch wäre aufgesaugt worden. Zum Glück hatte ich noch etwas gesucht und dabei Felix Geheimversteck entdeckt.

Mein Problem ist immer nur, dass ich meinem Sohn nicht wirklich lange böse sein kann. Wenn er mir dann seine Arme um den Hals schlingt und mich mit seinen blauen Kulleraugen ansieht, muss man ihm einfach alles verzeihen.

Altersruhesitz

Wir wohnen in einem Reihenmittelhaus. Als neben uns eine Familie mit drei Kindern eingezogen ist, haben wir uns sehr darüber gefreut. Robin ist zwei Jahre älter als Felix und beide verstehen sich sehr gut. Und auch Jana fand in der ein Jahr älteren Helena schnell eine Freundin.
Das Thema „heiraten" war bei Jana und Felix immer wieder aktuell.
Wir kamen von einem Besuch von Oma Marianne und Opa Horst aus Karlsruhe zurück. Dort hatten wir auch die Uroma besucht, die, weil sie erblindet ist, in einem Pflegeheim wohnt.

Jana stellte nach diesem Besuch die Überlegung an, dass sie später einmal Robin heiraten würde und mit ihm in unserem Haus wohnen möchte. Felix könnte ja Helena heiraten und dort nebenan einziehen. Auf meine Frage, wohin der Papa und ich und das benachbarte Ehepaar hinziehen sollten, war für Jana ganz klar, dass wir doch in ein so schönes Altersheim, wie die Uroma Ticktack ziehen könnten. Sie versprach auch, uns regelmäßig besuchen zu kommen. Ich muss gestehen, ich fand diese Vorstellung wenig reizvoll.

Allerdings hatten wir das große Glück, dass auch Felix mit dieser Vereinbarung nicht einverstanden war. Er hegte glaube ich immer noch den geheimen Wunsch die Mama zu heiraten. „Na gut!", meinte Jana, „Das hat ja auch noch ein bisschen Zeit und vielleicht will ich die Waulkwappen dann doch lieber von einem anderen Jungen, als von Robin."

Auch heute, 10 Jahre später, wohnen wir immer noch glücklich alle zusammen in unserem Reihenhaus. Nur unsere Katze Pauline mussten wir aus Altergründen leider einschläfern lassen.

Vor vier Jahren haben wir uns eine Hündin angeschafft. Sie heißt Bonny und bringt fast genauso viel Trubel in unser Leben, wie die Kinder. Und das will etwas heißen, wie Sie jetzt wissen.

DANKSAGUNG

Mein besonderer Dank gilt natürlich meinem Mann, ohne den es unsere Kinder nicht geben würde. Ich möchte ihm aber auch dafür danken, dass er mich in allen Dingen unterstützt und wir über alles reden können. Wir haben das große Glück, uns in unseren Ansichten und unserer Lebenseinstellung sehr ähnlich zu sein, deshalb fällt es und nicht schwer, alle Entscheidungen gemeinsam zu treffen. Wir sind eine harmonische kleine Familie. Oft sitze ich still da (Ehrlich, ich kann auch stillsitzen!) und genieße einfach dieses wahnsinnige Glück!

Auch meinen Eltern, Marianne und Horst Sedlag, möchte ich meinen Dank aussprechen. Nur durch sie und ihre Erziehung und Unterstützung in allen Lebenslagen, konnte ich zu dem Menschen werden, der ich heute bin. Ich bemühe mich so geduldig, so sanftmütig, so interessiert und einfühlsam wie meine Mutter, aber gleichzeitig auch so großzügig, und energiegeladen, so hilfsbereit und unternehmungslustig zu sein, wie mein Vater.

Natürlich danke ich auch meinen beiden Brüdern Jochen Le Large und Christian Sedlag, die durch ihren Ideenreichtum im „Schwesternärgern" sehr zu meiner psychischen Stabilität beigetragen haben. Meine beiden Brüder und ihre Frauen Monique und Alexandra mit ihren Kindern Nick, Annika, Tim, Marc, Lily und Anouk machen uns zu einer Großfamilie, die Halt gibt und ein tolles Zusammengehörigkeitsgefühl schafft.

Aber auch meinen Schwiegereltern Marion und Gerd Schludecker möchte ich Dank sagen, für viele Kofferraumladungen voller Schätze und etliche schöne Urlaube, die wir gemeinsam mit den Kindern verbracht haben.

Ein Dank geht auch an meinen Schwager Sven Schludecker. Er hatte von Anfang an einen heißen Draht zu Felix und Jana.

Besonderer Dank gilt auch allen Paten von Felix und Jana: Bettina Wolff, Dörte und Stefan Schmitt, Monika und Helmut Hagg, Anna Kopfer und Sylvia und Zeljko Schöppler. Sie haben uns und unsere Kinder bis heute treu begleitet. Mit vielen netten Besuchen und interessanten Gesprächen, aber auch tollen Geschenken, haben sie all die Jahre Anteil an der Entwicklung von Felix und Jana genommen.

Als letztes danke ich allen Freunden und Bekannten. Was wären wir ohne euch hier in der Fremde in Frankfurt?!
Gerade die guten Freundinnen, die ich vor allem durch die Kinder gewonnen habe, waren eine große Bereicherung, aber auch eine Entlastung, wenn der Weg zu den Omas und Opas nach Karlsruhe zu weit war. Hier möchte ich vor allem Petra Bracht, Claudia Kahl, Vivien Rudolph, Marion Wagner, Lisa Ommert, Angela Wohlan, Conni Kästle, Jutta Dehen, Caroline Daubner, Sandra Steuer, Eva Stephan, Ellen Held und Uschi Wedemeyer danken. Ich kann mich immer auf euch verlassen.

Printed by Books on Demand GmbH, Norderstedt / Germany